LEKKER SCHA

De nieuwe manier om goed

De methode Lekker Schaken bestaat uit de volgende delen:

Deel 1 Bord, stukken, mat
Deel 2 Openen, aanvallen, materiaal winnen
Deel 3 Vooruit denken, plannen maken, verdedigen
Deel 4 Opbouwen, combineren, beoordelen
Deel 5 Strategie, koningsaanval, eindspel

R. BRUNIA / C. VAN WIJGERDEN

LEKKER SCHAKEN

*De nieuwe manier
om goed te leren schaken*

**STAP 5
STRATEGIE / KONINGSAANVAL /
EINDSPEL**

Een officiële leermethode van de KNSB

Tweede druk

TIRION·BAARN

Omslagontwerp: Rob Buschman

CIP-GEGEVENS KONINKLIJKE
BIBLIOTHEEK, DEN HAAG

Brunia, R.

Lekker schaken: de nieuwe manier om goed te
leren schaken / R. Brunia, C. van Wijgerden. —
Baarn: Tirion
Stap 5: Strategie, koningsaanval, eindspel. — Ill.
Een officiële leermethode van de KNSB.
ISBN 90-5121-364-6
NUGI 450
Trefw.: schaken

© MCMXCIII / MM Tirion Uitgevers BV, Baarn

Dit boek is gepubliceerd door
Tirion Uitgevers BV
Postbus 309
3740 AH Baarn

Inhoud

Voorwoord

Wanneer de wijze lessen die dit leerboek bevat zijn doorgenomen, natuurlijk met de kennis uit de eerste vier delen, is de totale basiskennis van het schaakspel verteld.

Nu zou er een periode van veel spelen moeten volgen om alle thema's en theorieën in de praktijk tot wasdom te laten komen. Slechts door te spelen, alleen met jezelf achter het schaakbord, gaan de regels leven en ook die vele onvermijdelijke uitzonderingen.

Hans Böhm

Les 1: De opening

Materiaalwinst

De stelling in *diagram 1* is nog maar een paar zetten oud. Wit besluit tot 1. Lc1-e3 en hij laat dus de pion op b2 zo maar in de steek.

Waarom geven we materiaal weg in een schaakpartij? Natuurlijk om er zelf beter van te worden. Wit geeft de pion zeker niet voor niets. Na 1. ... Db6xb2 2. Pc3-a4 Db2-a3 3. Le3-c1 Da3-b4+ 4. Lc1-d2 Db4-a3 5. Pd4-b5 gaat de dame verloren. Offeren gebeurt altijd met een bepaald doel. In deze stelling om meer materiaal terug te verdienen. Voor het geofferde punt krijgt wit een veelvoud terug.

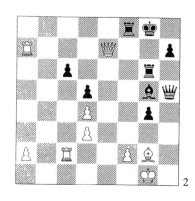

Mat

In een schaakpartij wordt waarschijnlijk nog vaker geofferd om de tegenstander mat te zetten. Voor mat mag desnoods al het materiaal worden geïnvesteerd. Alleen moet er genoeg overblijven om mat te geven.

In *diagram 2* staat een stelling waarin wit met enkele offers zwart geforceerd mat kan zetten. Zie je het? Het matbeeld dat tevoorschijn komt is het mat met twee torens. De toren op c2 moet eerst vrij baan hebben, daarom 1. Lg2xd5+ c6xd5 (of 1. ... Kg8-h8 2. De7xf8) 2. De7xf8+ Kg8xf8 3. Tc2-c8+ en zwart gaat mat.

Tijd

We kunnen niet alleen pionnen of stukken offeren voor materiaalwinst of mat maar ook voor tijd. Dat klinkt deftig en misschien wat ingewikkeld maar het is het onderwerp van dit hoofdstuk. Alles wordt wel duidelijk.

De eenvoudigste manier om een stelling te beoordelen is op grond van de materiaalverhouding. We tellen de punten van beide partijen. Aan de eerste twee stellingen hierboven zie je dat dat te simpel is.

Belangrijk is of je voor staat in tijd. In *diagram 3* heeft wit veel meer stukken ontwikkeld en hij heeft al gerokeerd. Hij heeft een voorsprong in tijd.

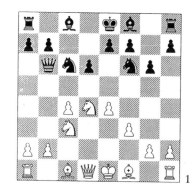

Slechte stand paard

Beide partijen hebben de ontwikkeling in *diagram 4* bijna afgesloten. Alleen de torens moeten nog een geschikt veld vinden. Opvallend is de stand van het paard, het is actief op de damevleugel als zwart b7-b5 speelt. Voor verdediger aan de andere kant is het absoluut niet geschikt. Het juiste speelplan voor wit is daarom de koningsaanval. Hij kan meer stukken op de koning richten. Het paard heeft teveel tijd nodig om omgespeeld te worden. Na 1. h2-h4 zal zwart een harde dobber hebben om overeind te blijven.

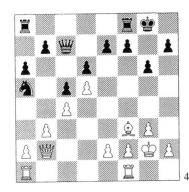

Offer(s) voor tijd

We komen weer terug waarmee we begonnen zijn, bij het offer. Om tijd te winnen kunnen we ook offeren. Je begrijpt dat tijd minder goed in te schatten is dan materiaal en mat. In het volgende korte partijtje geeft wit enkele pionnen, alleen om zijn stukken snel in het spel te brengen. *Diagram 5* ontstaat na 1. e2-e4 e7-e5 2. d2-d4 e5xd4 3.c2-c3 d4xc3 4.Dd1-b3 c3xb2 5.Lc1xb2. Het resultaat is duidelijk.

Wit staat voor in de ontwikkeling maar staat wel twee pionnen achter. Hij heeft druk tegen b7, f7 en g7. De partij gaat verder met: 5. ... Pg8-f6 6. Pb1-d2 Lf8-c5 7. Lf1-c4 en die stelling staat in *diagram 6*.

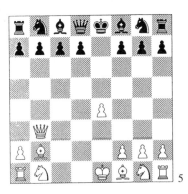

Wit heeft een behoorlijke druk voor de twee pionnen. Het beste in zulke stellingen is het teruggeven van een pion om de tegenstander niet geheel de vrije hand te laten, bijv. 7. ... 0-0 8. Pg1-f3 d7-d5 9. e4xd5 Tf8-e8+ en wit moet de rokade opgeven (de toren op h1 kan voorlopig niet meedoen) of de loper naar e2 terugtrekken. De zwartspeler denkt aan een andere manier om de witte rokade onmogelijk te maken: 7. ... Dd8-e7 8. Pg1-f3 Pf6xe4 en verder bij *diagram 7*.

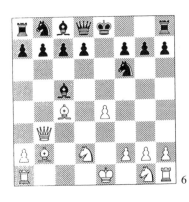

Het slaan van de e-pion gaat te ver. Zwart moest rokeren of het paard naar c6 spelen. Na de laatste zet dreigt hij in ieder geval met Pc6-a5 een aanvalsstuk te ruilen. Zonder stukken ontwikkeld kan zwart de vele witte stukken niet de baas. De voorsprong in tijd wordt enorm. De rest duurt niet lang meer: 9.0-0 (zelfs 9. Pd2xe4 De7xe4+10. Ke1-f1 wint voor wit) Pe4xd2 10. Pf3xd2 0-0 11. Dc3-g3 g7-g6 12. Dg3-c3. De twee lopers doen zwart de das om.

Pion(nen) geven voor tijd is de moeite waard om te proberen. Voor de verdediger geldt: het geofferde materiaal bijtijds teruggeven.

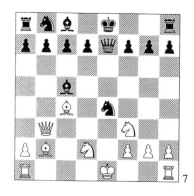

7

Nieuwe pionoffers

Het tweede partijtje is tussen Schulten en Morphy en werd gespeeld in 1857 in New York. De zwartspeler was een groot talent. Hij wist als geen ander materiaal te geven voor een voorsprong in tijd (en ervan te profiteren). Het begin kennen we uit de les over de opening in de derde stap: 1. e2-e4 e7-e5 2. f2-f4 d7-d5 3. e4xd5 e5-e4 4. Pb1-c3 Pg8-f6 5. d2-d3 Lf8-b4 6. Lc1-d2 e4-e3 (zie *diagram 8*).

Met dit tweede pionoffer wordt de e-lijn geopend en wint zwart tijd. Vooral van belang is dat de witte koning voorlopig in het midden wordt vastgehouden.

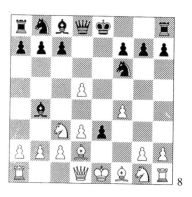

8

Wit moet het pionoffer aannemen: 7. Ld2xe3 0-0 8. Le3-d2 Lb4xc3 9. b2xc3 (na slaan met de loper wordt veld e3 niet meer bewaakt) 9. ... Tf8-e8+ 10. Lf1-e2 Lc8-g4 (zwart verliest geen tijd met het terugslaan op d5) 11. c3-c4 (ook hier geldt weer dat inhalig zijn wordt gestraft; wit kon beter de druk opheffen met 11. h2-h3 hoewel na 11. ... Dd8xd5 de rokade moet worden opgegeven) 11. ... c7-c6 (zie *diagram 9*; een krachtzet, het witte centrum wordt opgeruimd en de laatste zwarte stukken komen beschikbaar) 12. d5xc6 Pb8xc6 13. Ke1-f1 (zie *diagram 10*).

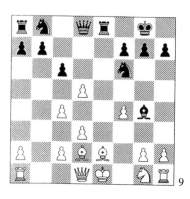

9

9

De finale

Pionnen weggeven kan iedereen, een partij uitmaken is wat moeilijker. Paul Morphy was een meester in het winnen van gewonnen stellingen. Met een offer op e2 zet hij een ander kopstuk neer: 13. ... Te8xe2 14. Pg1xe2 Pc6-d4 (wit kan materiaalverlies niet vermijden) 15. Dd1-b1 Lg4xe2+ 16. Kf1-f2 Pf6-g4+ 17. Kf2-g1 Pd4-f3+ (wit wordt keihard aangepakt; hij loopt nu geforceerd mat) 18. g2xf3 Dd8-d4+ 19. Kg1-g2 Dd4-f2+ 20. Kg2-h3 Df2xf3+ 21. Kh3-h4 Pg4-e3 22. Th1-g1 Pe3-f5+ 23. Kh4-g5 Df3-h5 mat.

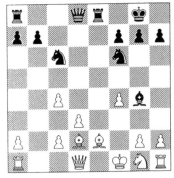

10

Voorbeeldstellingen

De opgaven bij het eerste hoofdstuk zijn oefeningen met onderwerpen uit de vorige stap. In de vierde stap spelen de voorbereidende zetten: lokken, uitschakelen van de verdediging, richten, jagen en ruimen een hoofdrol. De andere combinatie-thema's zijn: onderbreken en blokkeren, de 7e rij en de magneet. Zoek altijd naar ongedekte stukken, stukken op één lijn en stukken die een belangrijke verdedigende functie hebben. In *diagram 11* wordt de dame naar d6 gelokt met 1. Lf4-d6. Na slaan volgt 2. Ld5xf7+ en na uitwijken verliest zwart de kwaliteit op f8. Aftrekaanval met als voorbereidende zet lokken.

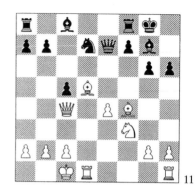

11

Slechts een hoofdstuk wordt aan de koningsaanval gewijd maar daarom is die nog niet minder belangrijk. De witte koningsstelling in *diagram 12* ligt al open en aanvalsstukken zijn in voldoende mate aanwezig. Alleen de verdedigende dame moet nog worden uitgeschakeld met een hierboven genoemde combinatie.
Zwart kan met 1. ... Le5-d4 de dame van de verdediging van d5 uitschakelen. Er dreigt mat op g1 en na 2. c3xd4 is de damelijn onderbroken zodat zwart met 2. ... Db7xd5 of 2. ... Lf7xd5 mat kan geven.

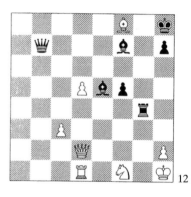

12

Wie de aanvaller is in *diagram 13* is niet helemaal duidelijk. Zwart is aan zet dus hij moet naar een goede voortzetting uitzien. Voor een winnende aanval heeft hij te weinig stukken. De dame kan de koning naar e1 jagen, maar hoe dan verder? Voor de paardvork op f3 moet de pion op g2 verdwijnen, maar voor slaan heeft zwart geen tijd omdat het paard op d4 hangt. Met een slimme truc kan zwart toch de paardvork voorbereiden: 1. ... Lb7-f3+ 2. g2xf3 Dd3-c2+ 3. Kd1-e1 Pd4xf3+. Ook 2. Kd1-e1 Pd4-c2 mat is geen oplossing voor wit.

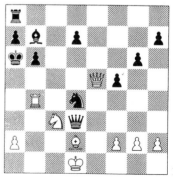

13

Les 1: Oefeningen   *Oefening 1a: Toets vierde stap*

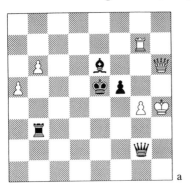

a

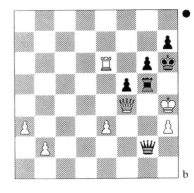

b

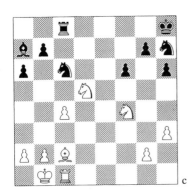

c

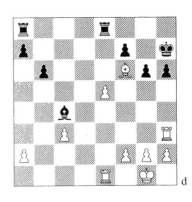

d

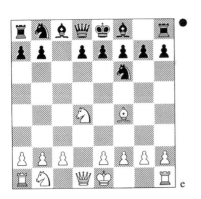

e

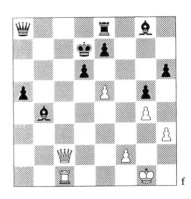

f

12

Oefening 1b: Toets vierde stap

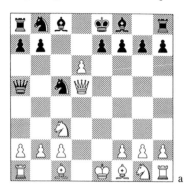

a

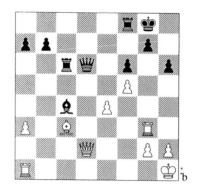

b

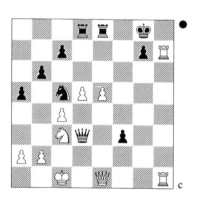

c

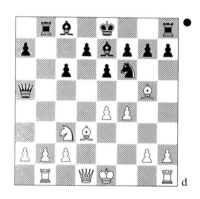

d

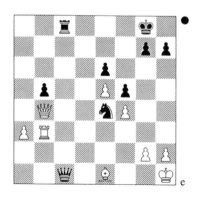

e

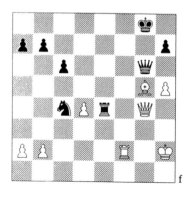

f

13

Les 2: Mat in twee

Na de combinatie-oefeningen van de vierde stap uit de opgaven van de vorige lessen bereiden we ons langzaam voor op de oefeningen uit de vijfde stap.

Om je geheugen op te frissen herhalen we bijna alle combinaties die sinds de tweede stap aan de orde zijn gekomen. Dat gebeurt aan de hand van mat-in-twee-opgaven. Dubbele aanval, penning en uitschakelen van de verdediging zijn de drie hoofdvormen waar bijna alle combinaties toe behoren.

In *diagram 14* zien we twee vormen tegelijk. Wit speelt 1. Dd6xf8+ Tg8xf8 2. Pb5-d6 mat. We herkennen uitschakelen van de verdediging (slaan + mat) en veldruiming.

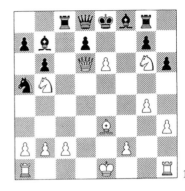

14

Pittig

Voor mat in twee kunnen we gebruik maken van: weg en slaan + mat, blok, de aftrekaanval, de röntgenaanval, het onderbreken, jagen, richten, lokken en ruimen. Te veel om allemaal even te herhalen. Ze komen terug in de opgaven bij deze les en bij de hoofdstukken 4 en 7, waar een mat-in-twee-opgave is toegevoegd (oefeningen 4c en 7c).

In *diagram 15* staat een lastige opgave. Zwart kan een aftrekschaak geven, maar omdat de dame in staat, is er toch een probleem. Met slaan op e1 kan zwart de dames ruilen, niet mat zetten. Zwart bereikt mat met 1. ... Pg2-f4+ 2. f3xg4 Pf4-h3. Je ziet dat mat in twee niet altijd gemakkelijk is.

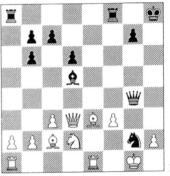

15

De 'stille' zet

Nieuw in deze les zijn twee vormen van mat in twee die nog niet eerder zijn behandeld. In *diagram 16* heeft zwart zojuist de loper naar g5 gespeeld. Hij wil stukken ruilen om zijn pluspion tot gelding te brengen. Het grote nadeel van de loperzet is de positie van de zwarte koning die geen zet meer kan spelen. Wit heeft weliswaar geen schaak maar hij kan mat dreigen met 1. Pe2-g1. Geen schaak en geen slagzet maar met een enorme dreiging. We noemen de zet een 'stille' zet. Zwart gaat altijd mat: 1. ... Pe4-d2 2. Le3-f2 mat of 1. ... Lg5xe3 2. Pg1-f3 mat.

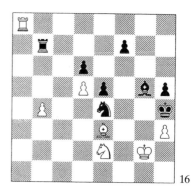

16

De lange diagonaal

Wit staat oppermachtig in *diagram 17*. De twee lopers vormen een goede compensatie voor de materiële achterstand. Hij kan zelfs met 1. Lc3-g7 materiaal terugwinnen alleen gaat dan de aanval voor een groot deel verloren. Een goed plan is misschien 1. Db2-c2 gevolgd door 2. Lc3-a1 en 3. Dc2-b2. Alleen duurt dat langer dan twee zetten.

Wit heeft veel beter: 1. Lc3-h8 een gekke maar buitengewoon sterke zet. Er dreigt mat op g7 en zwart kan daartegen helemaal niets uitrichten omdat het paard op f7 staat gepend.

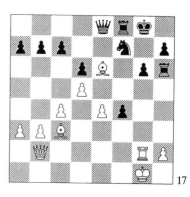

17

Tempodwang

Een eenvoudige spelregel bij het schaken is dat beide partijen om de beurt moeten zetten. Meestal is dat fijn. Dreigingen kunnen worden gepareerd, stukken worden teruggeslagen. Natuurlijk zijn ook hierop uitzonderingen. De witspeler in *diagram 18* zou dolgraag willen passen na 1. ... Pd6-c8. We zeggen dat wit in tempodwang is. Hij moet zetten maar elke zet leidt tot een catastrofe. Na 2. a6-a7 Pc8-b6 staat wit mat. In het b-gedeelte is de stelling zonder zwarte toren remise. Met toren kan zwart in tempodwang gebracht worden met de zet 1. Df3-e4 en na de gedwongen zet 1. ... Kh1-g1 2. De4-e1 staat zwart mat.

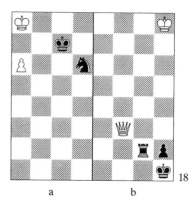

18

a   b

15

Tempodwang

Links in *diagram 19* kan wit het paard niet slaan vanwege pat. Wit moet het pat opheffen met een torenzet. Natuurlijk kan hij het paard winnen met 1. Tb7-a7+ maar veel leuker is mat in twee door tempodwang. Alleen de zet 1. Tb7-d7 is daartoe geschikt. Vlucht het paard naar b4 dan volgt mat op d8 en op de paardzet naar b8 volgt mat op a7.

Rechts probeert wit zijn g-pion te redden tegen het slaan met een zwart paard. Helaas volgt nu een zeer koude douche. Na 1. ... Pe5-g4 kan wit alleen met een paard spelen: 2. Pf7-g5 Pg4-h6 mat of 2. Ph7-g5 Pg4-f6 mat.

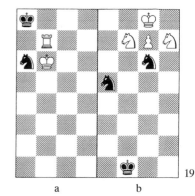

19

a   b

16

Voorbeeldstellingen

Zoek bij het maken van de mat in twee opgaven naar een mogelijk matbeeld. Denk logisch na. Beantwoord eerst vragen als: Naar welke velden kan de vijandelijke koning nog spelen? Waar kan ik schaak geven? Welke velden moet ik onder controle houden? Dat levert meer op dan zetjes uitproberen. In *diagram 20* moet de zwarte koning het veld e7 worden ontnomen. Aangezien 1. Te1xe6+ niet werkt moet de e-pion op een andere manier verdwijnen. De witte dame moet op f5 worden geofferd: 1. Dd3xf5+ e6xf5 2. Pg5-h7 mat.

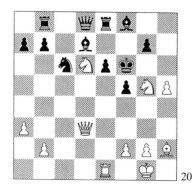

20

De witte koning zit in *diagram 21* in een matnet. De kunst is om hem niet te laten ontsnappen. Hij kan alleen nog naar veld e3. Jammer is dat na 1. ... Lh4-g5+ veld g3 beschikbaar komt. Zwart moet daarom tijd uittrekken voor een stille zet. De juiste zet is 1. ... Lh4-f2 om het veld e3 onder controle te nemen en veld g3 onder controle te houden. De onvermijdelijk matzet is dan weggelegd voor de g-pion. De twee witte paarden staan machteloos tegen 2. ... g6-g5 mat.

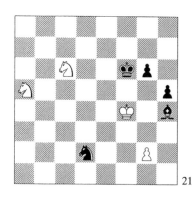

21

De stelling in *diagram 22* is erg verwarrend. De stukken staan her en der over het bord opgesteld. De zwarte koning staat al helemaal opgesloten zodat elk schaak ook mat is. Alleen kunnen alle stukken die schaak geven nu nog worden geslagen (1. Pb3-c5+, 1. Pa8-c7+ en 1. Dd3xb5+). Wit kan de loper op h2 slaan maar na 1. ... La4xb3 is het geen mat. De loper en de toren moeten worden uitgeschakeld. Als we het rijtje langs gaan van uitschakelen van de verdediger komen we na slaan en wegjagen bij het onderbreken uit. Warempel, de mooiste zet van het hele boekje leidt tot mat in twee: 1. De2-e5. Hoe zwart ook speelt op de volgende zet staat hij mat.

22

Les 2: Oefeningen
Oefening 2a: Mat in twee (tempodwang)

a

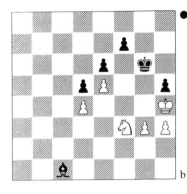

b

c

d

e

f

Oefening 2b: Mat in twee ('stil')

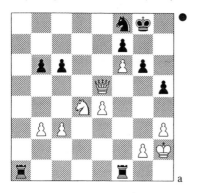

a

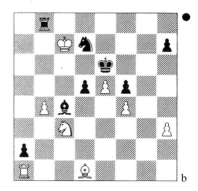

b

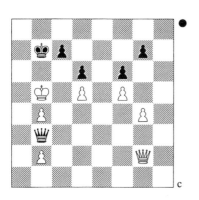

c

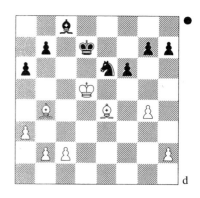

d

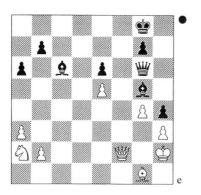

e

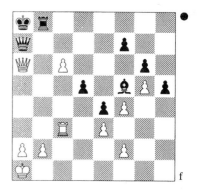

f

Oefening 2c: Mat in twee

a

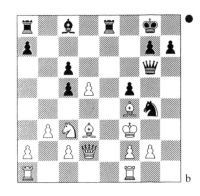

b

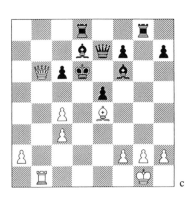

c

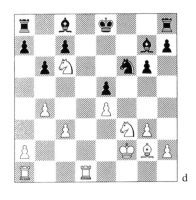

d

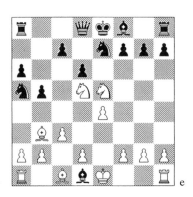

e

f

Les 3: Doorbraak in het eindspel

Hardlopen

Zwart heeft in *diagram 23* een gevaarlijke vrije h-pion. Gelukkig staat wit in het vierkant. Na 1. Kb3-c3 Kg7-f7 2. a2-a4 wordt de partij remise omdat er geen pionnen overblijven. Wat gebeurt er als wit met de pionnen gaat lopen? Een interessante hardloopwedstrijd ontstaat: 1. a2-a4 h7-h5 2. a4-a5 h5-h4 3. b5-b6 a7xb6 4. a5-a6 h4-h3 5. a6-a7 h3-h2 6. a7-a8D en wint. Wat gebeurt er als de koning te hulp komt? 1. a2-a4 Kg7-f7 2. a4-a5 Kf7-e7 3. b5-b6 a7xb6 4. a5-a6. Weer laat wit de b-pion met rust. In de eerste variant om op a8 te promoveren, in de tweede om buiten het vierkant van de koning te blijven.

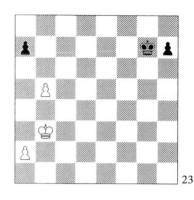

23

Wedren en doorbraak

Het rennen van de pionnen wie het eerst aan de overkant is noemen we wedren. In hoofdstuk 5 komen we daarop uitgebreid terug. Het op slimme wijze maken van een vrijpion noemen we doorbraak, het onderwerp van dit hoofdstuk. In stap 4 les 15 werd de doorbraak al even genoemd. We kijken eerst naar stellingen zonder koningen. Links in *diagram 24* heeft wit een meerderheid. Doorbreken is dan meestal eenvoudig: 1. b4-b5 a6xb5 2. c5-c6 of 2. a5-a6 en wit heeft een vrijpion. Rechts is het aantal pionnen gelijk maar na 1. f5-f6 g7xf6 2. h5-h6 wint wit toch.

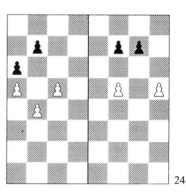

24

De juiste volgorde

In het linkerdeel *diagram 25* kan wit gemakkelijk doorbreken met 1. c5-c6. Zwart aan zet kan de doorbraak voorkomen met 1. ... a6xb5 of met 1. ... c7-c6.
Rechts is de oplossing veel moeilijker. De dubbelpion vermindert de witte mogelijkheden geducht. Toch is er een doorbraak: 1. h5-h6 g7xh6 2. g4-g5 h6xg5 3. f4xg5 f6xg5 4. f5-f6. Wit moet met de h-pion beginnen want 1. g4-g5 levert niets op. Zwart antwoordt met 1. ... h7-h6 en de witte meerderheid is machteloos.

25

De afstand tot de overkant

Het maken van een vrijpion in *diagram 26* is eenvoudig voor wit. Na 1. b3-b4 krijgt wit een vrije a-pion, maar zwart krijgt bij een doorbraak ook altijd een vrijpion. Van belang is de afstand van de vrijpionnen tot het promotieveld. Welke pion komt het eerst aan? De wedren en de doorbraak zijn daarom nauw verweven.

De doorbraak in deze stelling is in ieder geval niet goed. De afstand tot de overkant is voor beide partijen gelijk en zwart promoveert eerder met schaak. Wit moet remise maken met 1. Kh7-h6 en zorgen dat hij op a1 komt.

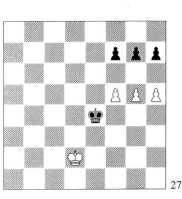

26

Een beroemde stelling

De stelling van *diagram 27* is zonder koningen al duizenden malen gepubliceerd. De pionformatie maakt een leuke doorbraak mogelijk.

Wit moet wel over een doorbraak beschikken anders gaan al zijn pionnen verloren. De winnende zet is 1. g5-g6 en nu afhankelijk van de zwarte zet:

− 1. ... f7xg6 2. h5-h6 g7xh6 3. f5-f6 en wint;
− 1. ... h7xg6 2. f5-f6 g7xf6 3. h5-h6 en wint.

Voorwaarde voor deze doorbraak is dat de pionnen op de helft van de tegenstander staan.

27

Tempodwang

Wit is in *diagram 28* kansloos. Zijn koning staat aan de verkeerde kant van het bord. Met of zonder ruil op b6, na het veroveren van de g-pion is een zwarte vrijpion veel verder. Wit kan een doorbraak met 1. b4-b5 proberen. Zwart moet dan goed nadenken.

Goed is 1. ... b6xa5 2. b5xa6 Kd5-c6.

Leerzaam is de fout 1. ... a6xb5 2. a5-a6 Kd5-c6 3. b3-b4 en zwart is plotseling in tempodwang. De koning moet het vierkant van de a-pion verlaten.

22

Doorbraak als verdedigingswapen

De c-pion levert in *diagram 29* een eenvoudig punt op als de zwarte meerderheid op de koningsvleugel in toom gehouden kan worden. Even lijkt het dat de meerderheid niet gevaarlijk is en wit 1. Kc3-b3 kan spelen. Op 1. ... g7-g6 komt immers 2. g4-g5 en op 1. ... f7-f6 2. h4-h5. Onjuist. Zwart breekt door met 1. ... h6-h5 2. g4xh5 f7-f5 of 2. g4-g5 f7-f5 en in beide gevallen haalt zwart remise.

Wit moet dus met 1. h4-h5 beginnen en dan liggen de pionnen vast. Na 1. ... g7-g6 heeft wit de doorbraak 2. g4-g5. Zwart is kansloos na de zet met de h-pion.

29

Welke pionzet: f7-f6 of h7-h6

In *diagram 30* is zwart aan zet. Heeft hij een gezonde pion meer of is de meerderheid van wit ondanks de dubbelpion een gevaar? Zwart kan niet afwachten met koningszetten. Wit dreigt met g4-g5 een bekende doorbraak op te zetten waartegen ... g7-g6 niet helpt vanwege de extra f-pion. De keuze is dus tussen h7-h6 en f7-f6. Welke is de juiste?

In varianten: 1. ... h7-h6 2. f5-f6 (niet 2. f2-f4 f7-f6) g7xf6 3. f2-f4 Kc4-d4 4. g4-g5 en wit wint. Of 1. ... f7-f6 2. f2-f4 (2. h5-h6 g7xh6 3. f2-f4 Kc4-d5) 2. ... h7-h6 3. g4-g5 Kc4-d4 en zwart wint.

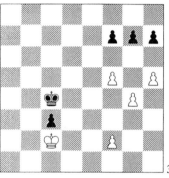

30

De nodige voorbereidingen

Het probleem voor wit in *diagram 31* is het vrijmaken van de h-pion. De directe weg 1. g2-g3 faalt op 1. ... g5-g4. De doorbraak moet te hulp komen: 1.f3-f4. Zwart kan slaan en doorschuiven maar in beide gevallen is de winst na 2. h2-h4 geen probleem meer. Alleen na 1. ... f7-f6 moet wit omzichtig 2. h2-h3 spelen en pas na 2. ... Kb4-a5 3. g2-g3 Ka5-b6 4. h3-h4 kan de h-pion zijn zegetocht beginnen. De zwarte koning staat buiten het vierkant.

31

Voorbeeldstellingen

Bij de opgaven is het pionnenblokje waar de doorbraak plaatsvindt gemakkelijk te vinden. Waarop je moet letten is de juiste volgorde van de zetten en de mogelijke verdediging van de tegenstander. Let erop dat de nieuwe vrijpionnen van de tegenstander niet eerder aan de overkant zijn.

In *diagram 32* is door de stand van de koningen wit gedwongen door te breken. Hij kan kiezen, elke pionzet is goed, bijv. 1. f4-f5 Kc2-d3 (1. ... e6xf5 2. g4xf5 en wit krijgt een vrije e-pion) 2. g4-g5 h6xg5 (2. ... e6xf5 3. g5-g6 f7xg6 4. e5-e6) 3. f5-f6 g7xf6 4. h5-h6 en de pion loopt door.

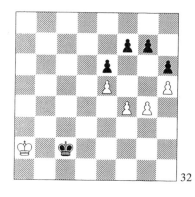

32

Door de aanwezigheid van de koningen is de doorbraak in *diagram 33* anders. Wit begint met 1. Ke6-f7 om de zwarte koning zijn bewegingsvrijheid af te pakken. Zwart kan weliswaar kiezen, maar het is duidelijk dat 1. ... Kh7-h8 afvalt als poging; na 2. Kf7-g6 vallen beide zwarte pionnen. Dus speelt zwart 1. ... h6-h5 en dat is geen gek idee. Na slaan op h5 verovert zwart de witte pionnen. Wit laat het niet zover komen en hij slaat toe met 2. h3-h4 Kh7-h6 (2. ... h5xg4 3. h4xg5 g4-g3 4. g5-g6+ en wit wint) 3. Kf7-f6 g5xh4 4. g4-g5+ Kh6-h7 5. Kf6-f7 h4-h3 6. g5-g6+ en wit promoveert en zet mat.

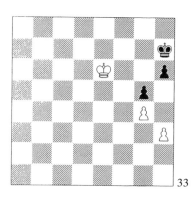

33

In *diagram 34* moet de doorbraak komen van de zet 1. c4-c5. Als zwart met de b-pion slaat komt de a-pion winnend opzetten (1. ... b6xc5 2. a4-a5), slaat zwart met de d-pion dan komt 2. a4-a5 b6xa5 3. b5-b6 c7xb6 4. d5-d6. Prachtig. Alleen ... zwart stopt met 4. ... Kg8-f7 de d-pion. Voordat wit aan zijn doorbraak begint moet hij de verdediging uitschakelen. Dat kan door de koning naar h8 te dwingen met de bescheiden zet 1. h3-h4. Na 1. ... Kg8-h8 werkt de doorbraak wel. Wees gerust, in de opgaven zitten niet van deze gemene valstrikken. Succes met de opgaven.

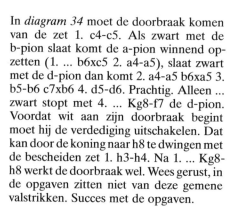

34

Doorbraakbeelden

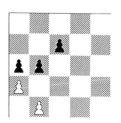

1. b4-b5

1. b5-b6 c7xb6
2. a5-a6

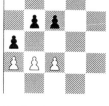

1. c5-c6

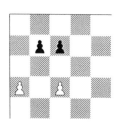

1. c5-c6

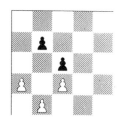

1. b4-b5 c6xb5
2. c5-c6

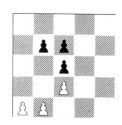

1. a4-a5 en
2. b4-b5

1. a4-a5 en
2. b4-b5

1. a4-a5 en
2. b4-b5

1. b4-b5 en
2. a4-a5 b6xa5
3. b5-b6

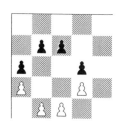

1. b4-b5 en
2. c4-c5

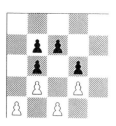

1. c4-c5 d6xc5
2. a4-a5 en
3. b5-b6

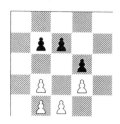

1. b5-b6 c7xb6
2. c4-c5

Les 3: Oefeningen   *Oefening 3a: Doorbraak*

a

b

c

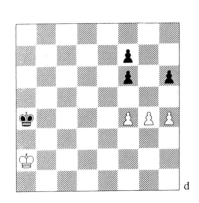

d

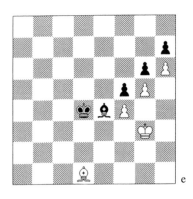

e

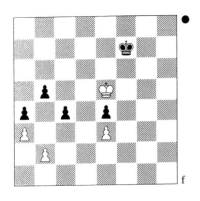

f

26

Oefening 3b: Doorbraak

a

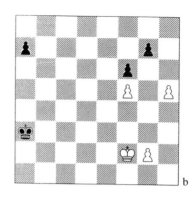

b

c

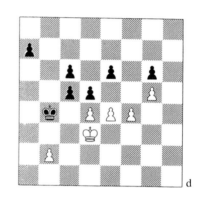

d

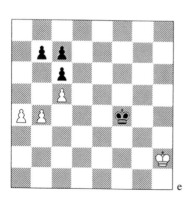

e

f

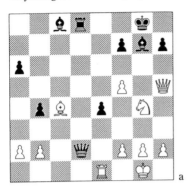

a

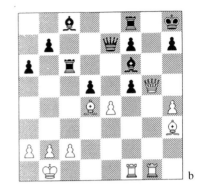

b

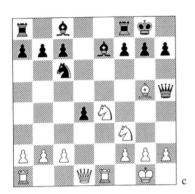

c

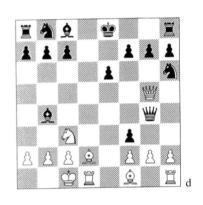

d

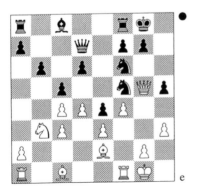

e

f

Les 4: Pionnen: structuur, spanning, slopen

Zwakke pionnen

Pionnen zijn er in alle soorten en maten: vrijpionnen, dubbelpionnen, verbonden pionnen. Zij kunnen allemaal sterk of zwak zijn. Dat hangt helemaal van de stelling af. Kunnen zij nog door eigen pionnen worden gedekt, kunnen zij worden aangevallen? In *diagram 35* staan enkele pionnen, die afhankelijk van de stukken die op het bord staan, zwak kunnen zijn.

35

— b3 en e4 (vooral met een zwarte toren)
— f6 (vooral met een loper op bijv. b2)
De pionnen op c7, h7 en h2 zijn minder zwak omdat ze niet zo gemakkelijk kunnen worden aangevallen.

Manusje-van-alles

De pionnen in het schaakspel hebben veel uiteenlopende functies:
— zij beschermen de koning in het middenspel
— zij moeten stukken dekken
— zij schermen stukken af
— zij moeten vijandelijke stukken verjagen
— zij moeten belangrijke velden controleren (vooral in het centrum)

36

Vooral de paarden en de lopers werken goed samen met pionnen. Dat zie je in het begin van de partij. In *diagram 36* werken de lichte stukken al op volle kracht. De dames en de torens hebben meer open ruimte nodig.

Structuur, spanning, slopen

In alle diagrammen op deze bladzijde staan de pionnen in verschillende formaties. We noemen de samenhang van de pionnen de pionstructuur. Die kan goed of slecht zijn, al naar gelang het aantal zwakke pionnen. In heel veel stellingen is de pionstructuur de ruggegraat van de stelling. Een goed strijdplan is dan ook de pionstructuur van de tegenstander te verzwakken.

In *diagram 37* staat een pionstructuur waarbij de pionnen elkaar wederzijds aanvallen. Wit kan tweemaal op e5 slaan; zwart kan kiezen tussen slaan op d4 of f4. Deze wederzijdse aanvallen noemen we spanning. Met spanning kunnen we de structuur van de tegenstander kapot maken: slopen.

37

Spanning opvoeren

Er zijn verschillende manieren om de pionstructuur te verzwakken. In *diagram 38* is nog geen slagmogelijkheid tussen pionnen. Zwart kan met 1. ... c6-c5 spanning in de stelling brengen. Nu staat pion d4 onder druk. De eenvoudigste manier voor wit om de spanning op te heffen is natuurlijk op c5 slaan.

In dat geval komt de e-pion zonder een stevige verdediger te zitten. Ook aan dekken kleeft een bezwaar. Op 2. Pf4-e2 komt 2. ... Lb7-a6. Kortom door de verhoging van de druk heeft zwart een succesje geboekt. De structuur van wit is in ieder geval verslechterd.

38

Slopen

De pionstructuur verzwakken kan van alles betekenen: de pionnen uit elkaar slaan, isoleren, verdubbelen, de activiteit van de eigen stukken verhogen.

Een eenvoudig voorbeeld van het isoleren van een pion staat in *diagram 39*. Door de opmars 1. e4-e5 kan wit pion c5 van zijn belangrijkste verdediger ontdoen. Zwart kan niet slaan: 1. ... d6xe5 2. Pd3xc5 kost een pion, evenmin kan 1. ... Pf6-e8 2. e5xd6+ Ke7xd6 3. Lb2-a3. Na 1. ... Pf6-d7 2. e5xd6+ Ke7xd6 3. Lb2-g7 komt wit plotseling langs de andere kant binnen. De zwarte stukken zijn aan de dekking van de verzwakte pion c5 gebonden.

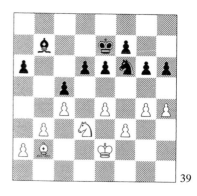

39

Spanning handhaven

De belangrijkste regel uit dit hoofdstuk staat in het kopje: spanning handhaven. Slaan is leuk maar de tegenstander weet meteen waar hij aan toe is. In *diagram 40* is slaan op c5 zelfs ongunstig, ook al wint wit een pion! De pionstructuur na 1. d4xc5 is versplinterd, beide c-pionnen kunnen niet meer door een eigen pion worden gedekt. Doorschuiven is evenmin aan te bevelen: 1. d4-d5 e6xd5 2. e4xd5 c5-c4 en de c3 pion moet door de loper gedekt blijven worden en de d-pion dreigt verloren te gaan.

40

Omdat na slaan pion c5 na 1. ...Kd7-c6 uiteindelijk toch verloren gaat, is het voor wit veel beter de spanning te handhaven met 1. Ld2-e3.

Dichtschuiven

Doorschuiven is ook een geliefde hobby van veel schakers. Vastzetten die pionnen want dan is alles lekker overzichtelijk. Zij hebben teveel gedamd. Zo dacht ook de witspeler in *diagram 41*. Na 1. g4-g5+ Kh6-h7 2. Lf6-e7 Pa6-b8 3. Lc2-a4 Lc8-d7 is alle muziek uit de stelling verdwenen. Heel sterk is 1. g4xh5 g6xh5 (1. ... Kh6xh5 2. Lf6-g5 en mat op d1) 2. Lf6-e7 (dreigt mat op f8) 2. ... Kh6-g7 kan wit eerst met 3. Le7-d6 het paard vastzetten en vervolgens met de koning binnenkomen op g5. Ook dichtschuiven van pionnen haalt veel spanning en daarmee verschillende speelwijzen uit de stelling.

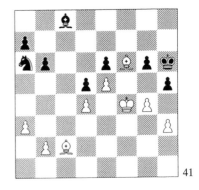

41

Activiteit verhogen

Het slopen van de pionstructuur kan nog een extra bedoeling hebben. In *diagram 42* speelt zwart 1. ... f7-f5 niet alleen om de pionnen van wit uit elkaar te slaan maar ook om de activiteit van de loper op b7 te verhogen. Wit moet slaan en zwart heeft na 2. e4xf5 e6xf5 zeker iets bereikt. De witte d-pion is alleen komen te staan, de loper op b7 heeft duidelijk aan kracht gewonnen. Verder heeft zwart de mogelijkheid gemaakt om de verre vrijpion op het bord te brengen dank zij het slaan met de e-pion.

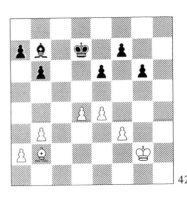

42

Pas op met pionzetten

Wit heeft in *diagram 43* twee mogelijkheden om actief te worden: b3-b4 of f3-f4. Tussen beide mogelijkheden bestaat een groot verschil. Na 1. f3-f4 slaat zwart maar al te graag: 1. ... e5xf4 2. Pd3xf4 Pd7-e5 en hij krijgt een prachtig veld op e5. Dat veld voldoet aan alle eisen voor een sterk veld uit de vierde stap.

De opmars van de b-pion is veel beter. Na ruil op b4 kan wit met een pion terugslaan en hij verliest dan niet de controle over een belangrijk veld. Een wijze raad tot besluit: pas op met pionzetten, pionnen mogen niet achteruit.

43

Les 4: Oefeningen *Oefening 4a: Toets stap 2, 3 en 4*

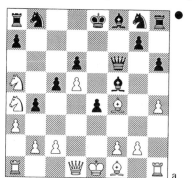

a

b

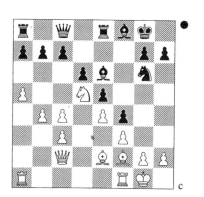

c

d

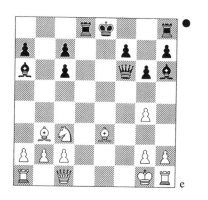

e

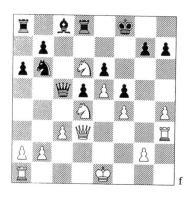

f

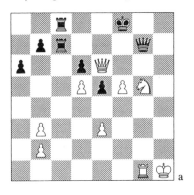

a

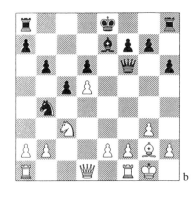

b

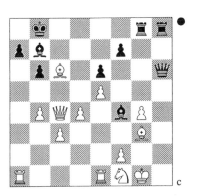

c

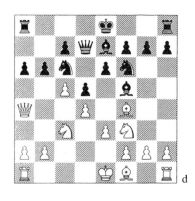

d

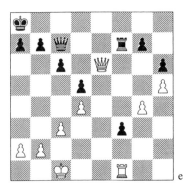

e

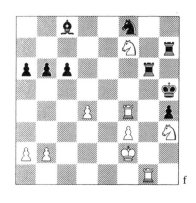

f

Oefening 4c: Mat in twee

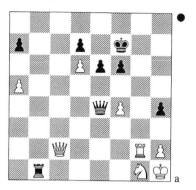
a

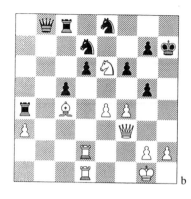
b

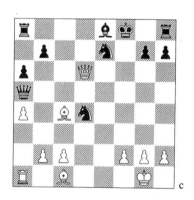
c

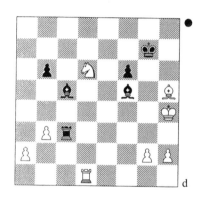
d

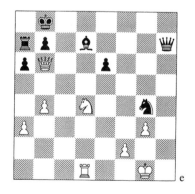
e

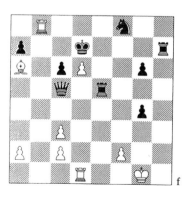
f

35

Les 5: Wedren

Wie komt het eerst?

Het om het hardst lopen komt niet alleen bij mensen en paarden voor. Kijk maar in *diagram 44*. Bij het schaken kennen we de wedren tussen pionnen.

Welke pion is het eerst aan de overkant? De strijd is hier een beetje oneerlijk. De a-pion staat een veld dichterbij het promotieveld en de zwarte koning staat ver buiten het vierkant. De witte koning staat wel binnen het vierkant van de zwarte pion maar hij wordt afgehouden. Dat is niet zo van belang omdat de a-pion al dame is voordat de g-pion promoveert: 1. a5-a6 g5-g4 2. a6-a7 g4-g3 3. a7-a8D g3-g2 4. Da8-a2+. Uit de laatste les van de vierde stap weet je dat wit eenvoudig wint.

44

Helpen

Bij de wedren spelen het vierkant, helpen en afhouden (onderwerpen uit les 5 van Stap 3) een belangrijke rol. In *diagram 45* is de witte pion weer een stapje verder dan de zwarte. Een directe wedren gaat dan ook voor zwart verloren. De h-pion strandt op h2 en zijn koning staat te ver weg om hem te ondersteunen. De enige kans voor zwart is de witte pion proberen in te halen: 1. c4-c5 Kg5-f6 2. c5-c6 Kf6-e7 3. c6-c7 Ke7-d7 4. Ka8-b7. Het plan faalt op de hulp van de witte koning.

45

Röntgenschaak

In *diagram 46* heeft de zwarte pion geen achterstand opgelopen. Wit is wel aan zet en de voorzet geeft altijd een groot voordeel. Het betekent dat na de promotie de dame allerlei schade aan kan richten. Dat is ook in deze stelling het geval: 1. b4-b5 g5-g4 2. b5-b6 g4-g3 3. b6-b7 g3-g2 4. b7-b8D g2-g1D. De promotie betekent het einde van de wedren maar de vrede kan nog niet worden gesloten.

Wit heeft een beslissende wending door de ongelukkige stand van de zwarte koning. Het röntgenschaak op a7 of b6 beslist in een klap de partij.

46

Schaak of mat

Andere tactische middelen die aan een gelijke race een abrupt einde kunnen maken zijn de promotie met schaak (waardoor de andere pion toch de overkant niet haalt) en mat. Een voorbeeld met schaak is goed voor te stellen als in *diagram 47* de koning niet op h6 staat maar op h4. Het mat komt naar voren in de afgebeelde stelling: 1. d5-d6 b4-b3 2. d6-d7 b3-b2 3. d7-d8D b2-b1D 4. Dd8-h4 mat.
Een koning aan de rand is altijd heel link. Zetten we de witte koning op f6 en de zwart op h7 dan volgt na de promotie een mat in twee: 4. Dd8-d7+ Kh7-h6 5. Dd7-h3 mat.

47

Jagen

Op het eerste gezicht bereikt zwart in *diagram 48* in dit hoofdstuk zijn eerste remise. De pionnen komen binnen dezelfde zet aan, geen promotie met schaak, geen direct röntgenschaak en geen mat.
Na 1. Ka5-b4 stapt zwart met 1. ... Kc6-d5 ook binnen het vierkant. Toch trekt zwart weer aan het kortste eind. De koning op c6 blijkt na 1. g5-g6 d4-d3 2. g6-g7 d3-d2 3. g7-g8D d2-d1D 4. Dh8-c8+ ongelukkig te staan. Het dameschaak jaagt de koning naar de d-lijn waarna een röntgenschaak op d8 beslissend is.

48

Lokken

Het gebruik maken van een voorbereidende zet verhoogt de kansen op winst aanzienlijk. We kennen vijf verschillende vormen uit de lessen over de dubbele aanval uit de vorige stap. In *diagram 49* bereikt wit niets met het direct lopen met de b-pion.
Zwart promoveert tegelijk en de strijd dame tegen dame is niet zo interessant. Eerst moet wit de koning naar e3 spelen om de zwarte koning naar g3 te lokken. De wedren eindigt dan in wits voordeel: 1. Kd4-e3 Kg4-g3 (anders gaat de pion gewoon verloren) 2. b6-b7 f3-f2 3. b7-b8D met schaak.

49

Afhouden en röntgenschaak vermijden

In *diagram 50* is zwart er beter aan toe. Wit kan niet met de pion gaan lopen omdat na 1. e4-e5 Kb4-c5 de pion verloren gaat. De witte koning moet dus eerst de vijandelijke koning afhouden. De natuurlijke zet is 1. Kb7-c6 maar deze zet faalt op 1. ... a5-a4 en na de wederzijdse promotie wint zwart met Da1-a4+ de dame. De zet die overblijft is 1. Kb7-b6 en daarmee bereikt wit remise: 1. ... a5-a4 2. e4-e5 a4-a3 3. e5-e6 a3-a2 4. e6-e7 a2-a1D 5. e7-e8D met remise.

50

Helpen of in het vierkant

De stelling in *diagram 51* lijkt rijp voor opgave voor wit. De e-pion gaat verloren en de koning staat buiten het vierkant van de b-pion. Het is een klein wonder dat wit deze positie nog kan redden. Hij speelt 1. Kc7-d6. Nu komen de pionnen na 1. ... b5-b4 2. e4-e5 tegelijk aan; zwart kan niet meer winnen. De andere mogelijkheid na 1. Kc7-d6 is 1. ... Kd4xe4 maar dan stapt de witte koning in het vierkant van de b-pion met 2. Kd6-c5 en verovert hem. De koningszet naar d6 slaat twee vliegen in een klap.

51

Meer pionnen

Bij een wedren tussen meer dan een pion kan een keuze worden gemaakt welke pion moet promoveren. Dat hangt af welke pion met schaak promoveert en welke pion niet in het vierkant staat. Eigenlijk kunnen alle vormen die in dit hoofdstuk zijn behandeld van invloed zijn. In *diagram 52* moet wit met 1. g4-g5 beginnen. Na 1. ... h6xg5 moet de keuze worden gemaakt waar wit gaat promoveren, op g8 of h8. Het voordeel van promotie op h8 is dat de zwarte promotie wordt verhinderd. De juiste zet is daarom 2. h4-h5.

52

Voorbeeldstellingen

Bij de opgaven van de wedren moet je allereerst kijken naar de afstand van de pionnen tot het promotieveld. Welke pion komt het eerst aan? Voordat je gaat rennen met de pionnen moet je vooruitdenken over de stelling die na promotie ontstaat. Misschien moet eerst een koningszet worden gespeeld.

In *diagram 53* zijn de witte en zwarte pionnen even ver van de overkant. De zwarte koning staat in het vierkant van de witte pionnen, maar omdat wit er twee heeft is dat niet erg. Wit begint met 1. c5-c6 omdat de c-pion met schaak promoveert. Een mogelijk vervolg is: 1. ... Kd5-e6 2. c6-c7 Ke6-d7 3. c7-c8D+ Kd7xc8 4. g5-g6 en wit wint omdat de pion met schaak promoveert.

53

In *diagram 54* behandelen we twee voorbeelden in een stelling. We denken de a- en b-pion weg. Wit promoveert op d8 en zwart op g1. Wit kan met Dd8-b6+ de dames ruilen en het resterende eindspel is gemakkelijk gewonnen.

In de afgebeelde stelling werkt 1. d5-d6 niet omdat na de promotie wit de dames niet kan ruilen. Een voorbereidende zet moet te hulp komen. Wit begint met de fraaie zet 1. b5-b6. Zwart moet slaan maar na 1. ... a7xb6 kan wit weer op promotie afgaan. Hij heeft weer een schaak met dameruil tot zijn beschikking en daarna een gemakkelijke winst.

54

Wat is er in *diagram 55* aan de hand? Beide koningen staan in het vierkant, de witte pion staat een veld dichter bij het promotieveld en wit is ook nog aan zet. De winst kan geen probleem zijn al moet wit een gevaarlijke klip omzeilen. Al snel is duidelijk dat 1. h4-h5 Kd8-e7 2. h5-h6 Ke7-f7 niets oplevert.

Daarom proberen we 1. Kf5-g6 Kd8-e7 2. Kg6-g7 (of 2. h4-h5 Ke7-f8 3. h5-h6 Kf8-g8) 2. ... d6-d5 en zwart promoveert op tijd. Alleen de slimme zet 1. Kf5-f6 leidt tot winst. Zowel na 1. ... d6-d5 2. h4-h5 als na 1. ... Kd8-e8 2. Kf6-g7 d6-d5 3. h4-h5 promoveert wit met schaak.

55

Les 5: Oefeningen   *Oefening 5a: Wedren*

a

b

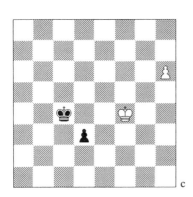

c

d

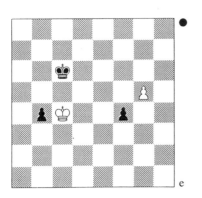

e

f

40

Oefening 5b: Wedren

a

b

c

d

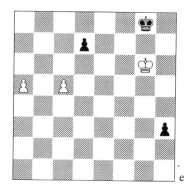

e

f

41

Oefening 5c: Wedren

a

b

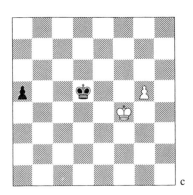

c

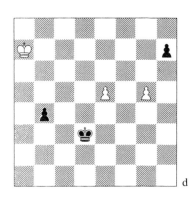

d

e

f

Les 6: Aftrekaanval

De aftrekaanval is een zeer gevaarlijk wapen omdat de batterij niet altijd wordt gezien. In *diagram 56* staat een batterij gevormd door een staartstuk (de toren) en een kopstuk (het paard). Wit wint met 1. Pd4-c6+ de dame.

In de vierde stap zijn in het hoofdstuk Lokken al enkele voorbeelden behandeld met de voorbereidende zet van de aftrekaanval (waaronder ook het aftrek- en dubbelschaak vallen). We kennen naast lokken vier andere vormen:
jagen, uitschakelen verdediging, lijnruimen en richten.

56

Lokken

Bij de voorbereidende zetten lokken moeten we een doelstuk op de juiste plaats proberen te krijgen. De batterij werkt niet goed omdat het kopstuk niets kan aanvallen of omdat het staartstuk nog geen doelwit heeft.

Links in *diagram 57* levert 1. Pa4-b6+ niets op. Pas na 1. Lc3xa5 Dc7xa5 2. Pa4-b6+ wint wit materiaal.

In het b-gedeelte kan het kopstuk, de pion op g4 nog niets beginnen. De voorbereiding 1. Dh6xe6+ is nodig om een aanvalsdoel voor de g-pion te lokken.

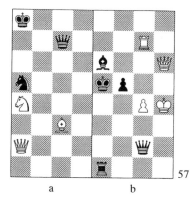

57

a   b

Jagen

De voorbereidende zet die veel op lokken lijkt is het jagen. Bij lokken is altijd sprake van een offer of een ruil, jagen is meestal dwingender: een schaak of een aanval op een stuk.

In *diagram 58* kan wit met 1. Kd5xd4 een aftrekschaak geven. Het zal duidelijk zijn dat wit met dit aftrekschaak van winst af moet zien. De loper is natuurlijk een aantrekkelijker doel, maar nog onbereikbaar. Wit valt met 1. Kd5-c6 de loper aan en die heeft niet veel keus. Op de diagonaal b8-h2 is genoeg plaats maar dan geeft wit mat met een aftrekschaak op b6. Op d8 en a5 is de loper binnen bereik van een aftrekschaak met de koning, bijv. 1. ... Lc7-d8 2. Kc6-d7+.

58

43

Uitschakelen verdediging

In *diagram 59* is de aftrekaanval 1. Pc4-b6+ een slag in de lucht, wit verliest een stuk omdat de dame op f4 gedekt staat. Hij moet eerst het verdedigende paard uitschakelen met 1. h4-h5 om materiaal te winnen. Na een paardzet gaat de dame met de aftrekaanval verloren. Zwart zal liever zijn paard geven dan de dame.

We zien hier de vorm wegjagen. Ook slaan en onderbreken kunnen als voorbereiding dienen. Zij komen in de opgaven voor.

59

Lijnruiming

De batterij in *diagram 60* werkt niet omdat het kopstuk, de loper, niet een geschikt aanvalsdoel heeft.

Nog niet, want zonder de pion op d4 is wel een winnende aftrekaanval mogelijk. De zet 1. d4-d5 gebeurt met aanval op de loper. De diagonaal c3-h8 komt met tempowinst open, we zeggen dat de diagonaal wordt geruimd. Zwart moet kiezen tussen het verlies van de loper na bijv. 1. ... Kf8-e8 2. d5xe6 of het verlies van de kwaliteit na 1. ... Le6-f5 2. Lc3-g7+.

60

Richten

De laatste voorbereidende zet die we behandelen is het richten. De batterij is nog niet aanwezig en hij moet eerst worden neergezet. Dat moet met een aanval gebeuren zodat de tegenstander niets tegen de nieuwe batterij kan uitrichten. Een eenvoudig voorbeeld staat in *diagram 61*. Wit geeft met de dame schaak op d6. De batterij is gevormd. De koning wordt na een fataal veld gejaagd. Het paard kan altijd schaak geven, bijv. 1. Db4-d6+ Kf6-g5 2. Pd4-e6+ f7xe6 2. Dd6xd1. De voorbereidende zet richten heeft bijna altijd de hulp van een andere voorbereidende zet nodig, hier het jagen.

61

Richten

In *diagram 62* is weer geen batterij aanwezig, wel een penning van het paard maar daarvan kan zwart geen gebruik maken. Hij speelt 1. ... e6-e5 om het paard weg te jagen en tegelijkertijd de batterij van de loper op f6 en de pion op e5 te maken. Na een paardzet kan het kopstuk worden opgespeeld met aanval op de dame en de loper. In een variant: 1. ... e6-e5 2. Pd4-e2 e5-e4. Het richten heeft in deze stelling de hulp nodig van het uitschakelen van de verdediging.

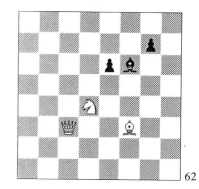

62

Tussenzet

De voorbereidende zetten zijn op. Tot besluit van dit hoofdstuk geven we nog twee stellingen met de aftrekaanval met een wending die nog wel eens voorkomt.
In *diagram 63* staat de batterij al klaar maar omdat na het wegspelen van het kopstuk zwart de toren op d1 kan slaan, lijkt de aftrekaanval geen succes te hebben: 1. Pd4xc6 Td8xd1 2. Tf1xd1 b7xc6. Wit heeft geen materiaal gewonnen. De grap is dat wit niet meteen de toren moet terugslaan. Hij kan een zet inlassen: 2. Pc6-e7+ en pas daarna op d1 terugnemen. In dat geval wint hij een stuk dank zij de tussenzet, het schaak op e7.

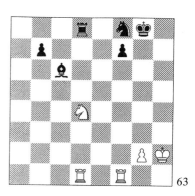

63

Een veelzijdige zet

De batterij in *diagram 64* werkt niet direct. Na slaan op e1 kan de witte dame gewoon terugslaan. Een idee is natuurlijk het wegzetten van de toren, bijv. 1. ... Te5-e7 om na 2. Dc3xf6 tussendoor op e1 te slaan. Wit gaat daar niet op in en speelt 2. Dc3-d2. Langzaam is nu de juiste gedachte gerijpt. Zwart moet natuurlijk 1. ... Te5-e2 spelen. Hij valt ook nog f2 aan zodat 2. Dc3-a1 niet afdoende is. Zwart wint minstens de dame tegen een toren. De torenzet naar e2 combineert het uitschakelen van de verdediging en de aftrekaanval.

64

Voorbeeldstellingen

Het eerste waar je naar zoekt bij het maken van de opgaven is een batterij. Waarom werkt de batterij nog niet naar behoren? Staat een eigen stuk in de weg (lijnruimen), gooit een vijandelijke verdediger roet in het eten (uitschakelen verdediging), hebben kop- of staartstuk nog geen aanvalsdoel (lokken of jagen) zijn enkele vragen die je kunt stellen.

De lastigste vorm is als er nog geen batterij aanwezig is, zoals in *diagram 65*. De vorming van de batterij ligt wel voor de hand. Het paard moet als kopstuk dienen. Wit speelt 1. Dh4-g3+ en waarheen de koning ook speelt er volgt altijd een winnend schaak met het paard.

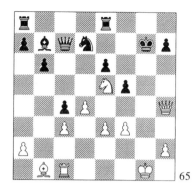

65

De batterij in *diagram 66* springt in het oog, de dame op g5 en de toren op f4. We kijken direct naar 1. ... Tf4-f1+ maar dat faalt op 2. Pg3xf1 waarna de dame gedekt staat. Hoe kunnen we zorgen dat het paard niet kan slaan op f1? Daartoe moet de loper op e4 worden weggelokt zodat het mat op g2 (waar nu nog twee stukken voor in de weg staan) in de stelling komt. Zwart kan daarom materiaal winnen met 1. ... Pb4-c2 met als mogelijkheden: 2. Le4xc2 Tf4-f1+ 3. Kg1xf1 (want 3. Pg3xf1 Dg5xg2 mat) Dg5xe3+ of 2. De3-c1 Pc2xa1 met kwaliteitswinst.

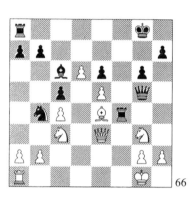

66

In *diagram 67* is het even zoeken naar een batterij. Er staan eigen en vijandelijke stukken in de weg. De uiteindelijk winnende batterij wordt gevormd door de dame en de loper. De dame op d3 moet het slachtoffer worden. We hebben daar twee vormen voorbereidende zet voor nodig. Zwart speelt 1. ... Pd7-c5 (lijnruiming met aanval op dame en paard) 2. d4xc5 (uitschakelen van de verdedigende d-pion zodat het doelstuk op d3 bereikbaar wordt) 2. ... Ld6-h2+ met damewinst. De dame wegspelen op de tweede zet verliest een volle toren, ook geen pretje. Kortom 1. ... Pd7-c5 is een voltreffer.

67

Les 6: Oefeningen *Oefening 6a: Aftrekaanval (voorbereidende zet)*

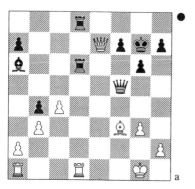

a

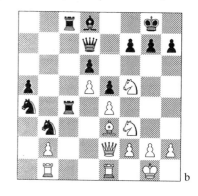

b

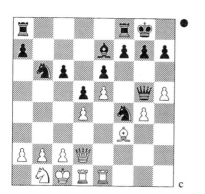

c

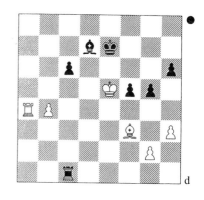

d

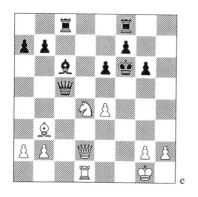

e

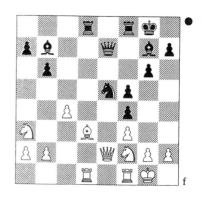

f

47

Oefening 6b: Aftrekaanval (voorbereidende zet)

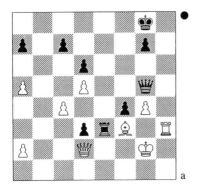

a

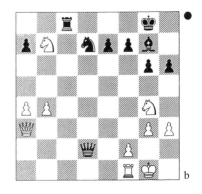

b

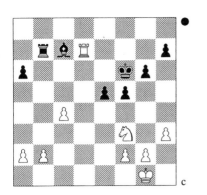

c

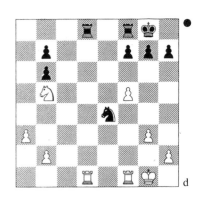

d

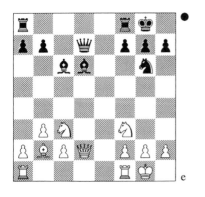

e

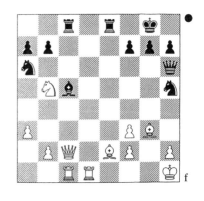

f

48

Oefening 6c: Aftrekaanval (voorbereidende zet)

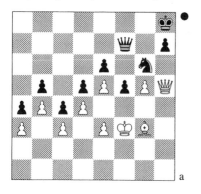

a

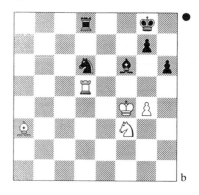

b

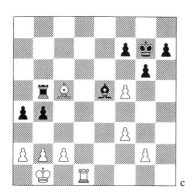

c

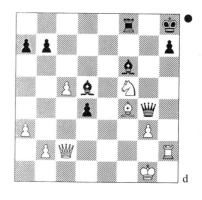

d

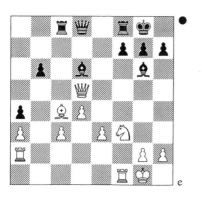

e

f

Oefening 6d: Aftrekaanval

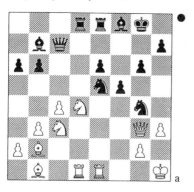
a

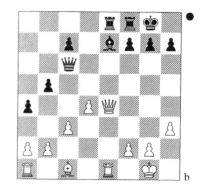
b

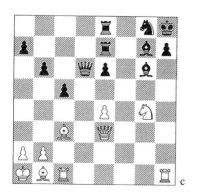
c

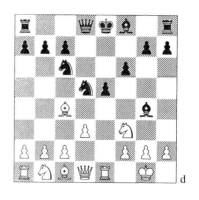
d

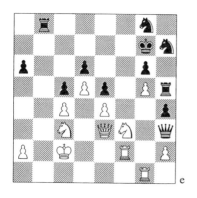
e

f

Les 7: Zevende rij en open lijn

Aanvalskracht

De toren komt op de zevende rij het best tot zijn recht. In les 13 uit de vierde stap draaide alles om het mat zetten met een toren op de zevende rij. In dit hoofdstuk komen ook andere voordelen aan bod.

In *diagram 68* treedt de aanvalskracht nog op de voorgrond. Tijd om de pion op a7 te slaan heeft wit niet. De zwarte toren komt op de tweede rij op bezoek, waarna wit nog blij mag zijn dat hij niet direct mat gaat. Met 1. Lb2xf6 kan wit de hele zevende rij blootleggen. De kans op mat wordt veel groter. Na 1. ... g7xf6 2. Dc1-b1 is zwart verloren.

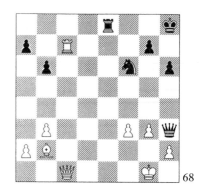

68

Totale beheersing

Het is bijna niet te geloven maar in *diagram 69* kan zwart in een paar zetten opgeven. Een toren op de voorlaatste rij heeft een verlammende beperking op de koning op de laatste rij. Zwart is hier in zijn bewegingen extra gehinderd door het mat op de onderste rij. Door de witte g-pion kost het een paar zetten om dat probleem op te lossen. Ondertussen is de a-pion al aan de overkant: 1. a4-a5 Tf8-a8 (1. ... h7-h6 2. g5-g6) 2. a5-a6 Kh8-g8 3. a6-a7 de pion kan worden gedekt zonder de zevende rij te verlaten. De dreiging 4. Tb7-b8+ is dodelijk.

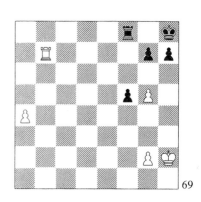

69

Twee torens

De toren op c7 valt in *diagram 70* twee pionnen tegelijk aan. Beide staan gedekt maar het is duidelijk dat dit voor de toren op b8 eigenlijk beneden zijn stand is. Een toren op de zevende rij bindt andere stukken aan de verdediging zodat zij geen andere taken kunnen uitvoeren. Pionnen op de 7e rij kunnen namelijk niet door pionnen worden gedekt!

Wit wil graag met de tweede toren ook binnenkomen. Na 1. Tc1-d1 Te8-e7 2. Td1-d7 Te7xd7 3. Tc7xd7 kan zwart zich met 3. ... b7-b6 enigszins loswerken. De juiste manier van spelen is 1. f5-f6 g7xf6 2. Tc7-h7 en de tweede toren dringt binnen.

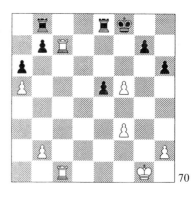

70

Handhaven

In *diagram 71* dringt zwart met de toren op d2 binnen. Wit dekt met 2. Ta1-b1. De speelruimte over de tweede rij is wat krap. Zwart moet oppassen dat de toren niet wordt teruggejaagd. Dat is het geval na een slordige zet als 2. ... Kf8-e7. Het voordeel is grotendeels verdwenen na 3. a2-a3 Ke7-d6 4. Kf1-e1 en de toren moet terug. Met de zet 2. ... a4-a3 kan zwart ruimte scheppen voor de toren: 3. b2xa3 Td2xa2. Pas na 4. Tb1-b3 kan de zwarte koning naderen. De witte koning heeft veel meer moeite om zich in de strijd te mengen.

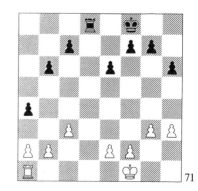

71

Open lijnen

Torens moeten naar de voorlaatste rij. Zij komen daar het gemakkelijkst over lijnen waarop geen enkele pion meer staat. We spreken van een open lijn. Zij zijn bij uitstek geschikt voor torens. Niet alle open lijnen zijn evenveel waard. Van belang is of de toren op de 7e rij binnen kan komen. In *diagram 72* staan drie open lijnen, de c-, d- en e-lijn. De c-lijn is ideaal voor de witte toren. Hij kan op c7 binnendringen. Voor zwart is de e-lijn van veel minder betekenis. Veld e2 wordt stevig gedekt. Ook via de d-lijn heeft zwart geen kans van slagen; het paard op f3 controleert veld d2.

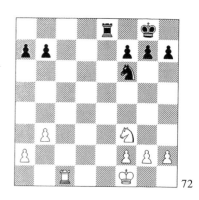

72

Lijn openen

De enige open lijn in *diagram 73* is in witte handen. Hij kan er niet veel mee aan. De koning beheerst het ingangsveld.
Bij het openen van nieuwe open lijnen is het van belang dat zij niet in vijandelijke handen vallen. Heel dom zou daarom 1. b4xc5 zijn. De zwarte toren staat na 1. ... b6xc5 klaar om binnen te vallen. Wit moet het openen voorbereiden met 1. Th1-b1, een zet die zwart dwingt de b-lijn te verlaten. Na 1. ... Tb8-c8 2. b4xc5 is de b-lijn voor wit. Een ingangsveld is voorhanden.

73

De open lijn veroveren

De c-lijn is in *diagram 74* de enige open lijn en daarom voor beide partijen aantrekkelijk. Als zwart aan zet is kan wit het binnendringen voorkomen: 1. ... Ta8-c8 2. Le2-d3 en er is niets aan de hand.

Voor zwart is het vervelender als wit aan zet is: 1. Le2-a6 is een noodzakelijke voorbereiding. Op direct 1. Ta1-c1 houdt zwart stand met 1. ... Ta8-c8.

Na de loperzet vervolgt wit met 2. Ta1-c1 en zwart kan de toren op geen enkele manier stoppen. Na 1. ... Kh8-g8 2. Ta1-c1 Kg8-f7 3. Tc1-c7 staat wit veel beter.

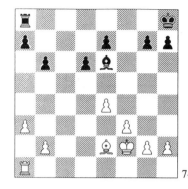
74

Het steunpunt bezetten

In *diagram 75* kan geen van de partijen de d-lijn bemachtigen. Toch is wit in het voordeel omdat hij op de d-lijn veld d5 in handen heeft. Dit veld kan wit gebruiken als steunpunt voor zijn torens. Na 1. Th1-d1 Tf8-d8 speelt wit 2. Td1-d5. Dekt zwart de pion op c5 met 1. ... Tac8 dan verdubbelt wit de torens en krijgt hij de beheersing over de d-lijn.

Slaat zwart op d5 met de toren dan krijgt wit druk op de c5 pion en een vrije d-pion die nog door een pion gedekt kan worden ook. Wit ruilt in deze stelling het voordeel van de open lijn in.

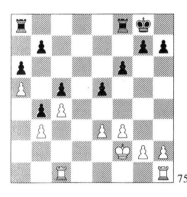
75

Verdedigers wegjagen

De stelling in *diagram 76* lijkt redelijk in evenwicht. De d-lijn is voorlopig in handen van wit en zwart. Goede steunpunten zijn niet aanwezig. Een mogelijkheid om een open lijn te veroveren is om de verdedigende toren weg te jagen. Alleen wit is daartoe in staat. Na 1. Lf2-h4 heeft zwart de vervelende keuze tussen het opgeven van de 7e rij of ruil op d1. In het laatste geval kan zwart de inval net afhouden: 1. ... Td8xd1+ 2. Ta1xd1 Lb7-c8 (niet 2. ... Lb7-c6 3. Lh4-d8). De actieve lopers en de beheersing van de d-lijn geven wit voordeel. Zwart aan zet kan de d-lijn niet veroveren, maar na 1. ... Lg7-f6 houdt hij de kansen in evenwicht.

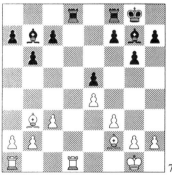
76

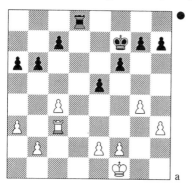

a

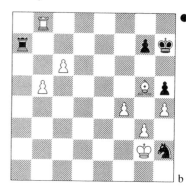

b

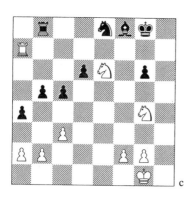

c

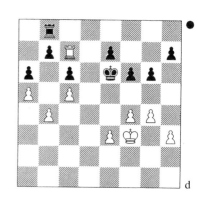

d

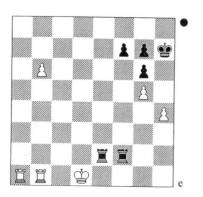

e

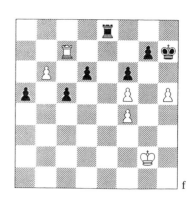

f

Oefening 7b: Open lijn

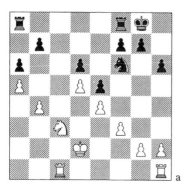

a

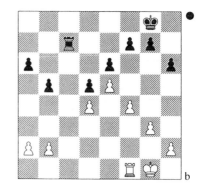

b

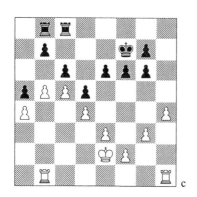

c

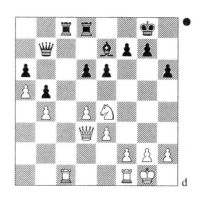

d

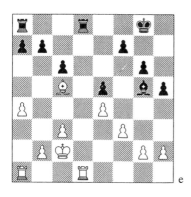

e

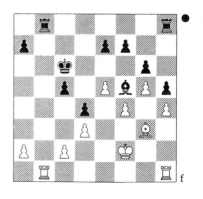

f

Oefening 7c: Mat in twee

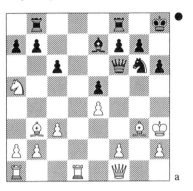

a

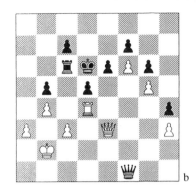

b

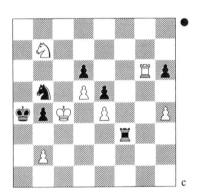

c

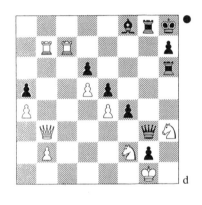

d

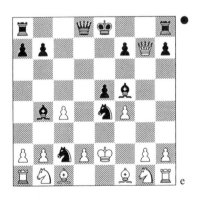

e

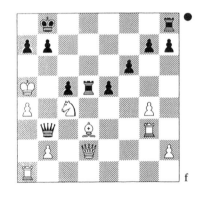

f

56

Les 8: Penning

Lokken

In bijna elke schaakpartij komt een penning voor.

Altijd zijn ze wat lastig. De drie vormen: pen, aanval op een gepend stuk en een gepend stuk keren ook bij de voorbereidende zet terug. In *diagram 77* zien we een voorbereiding op een penning die we kennen uit de vierde stap. Zwart speelt 1. ... d5-d4 en de vork dwingt wit het pionoffer aan te nemen. Na 1. ... Tf7-d7 staat de loper gepend. Het kopstuk wordt geplaatst en de aanval op het gepende stuk is voor wit funest. We herkennen het lokken als voorbereiding.

77

Jagen

Naast het lokken kennen we uit de vierde stap het jagen, dat ook zeer geschikt is om het kop- of staartstuk van de penning te plaatsen. In *diagram 78* speelt wit 1. Th1-h7+ om de koning naar e8 te jagen. Na 1. ... Ke7-e8 kan wit de dame op c6 pennen met 2. Lc4-b5 waarna zwart op slag verloren is. In deze les behandelen we drie andere voorbereidende zetten: uitschakelen van de verdediging, richten en ruimen.

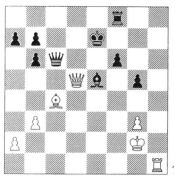

78

UV + pen

Een heel gemakkelijke voorbereiding is het uitschakelen van een verdediger die een penning onmogelijk maakt. Alle vormen kunnen daarbij worden gebruikt: slaan, wegjagen of -lokken en onderbreken.

In *diagram 79* beheerst het paard veld c5 zodat de penning van de dame met de loper nog niet mogelijk is. Na 1. ... Tb8xb3 wint zwart een stuk omdat het slaan van de toren nog meer materiaal kost na 2. ... Le7-c5.

De voorbereidende zet is uitschakelen van de verdediger door slaan om de actie pen mogelijk te maken.

79

UV + aanval op gepend stuk

Voor de aanval op een gepend stuk kan het uitschakelen van de verdediger ook nodig zijn. In *diagram 80* is het aanvallen van de gepende loper niet mogelijk. De pion op e6 moet verdwijnen om hem te kunnen aanvallen. De ruil van het paard lokt de pion van e6 weg zodat de witte e-pion vrij baan krijgt. Wit wint dan de loper. In een variant: 1. Pc3xd5 e6xd5 2. e5-e6.

De voorbereidende zet is uitschakelen van de verdediger om een aanval op een gepend stuk mogelijk te maken.

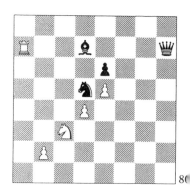

80

UV + gepend stuk is geen goede verdediger

Stellingen waarin een van de partijen gebruik maakt van een gepend stuk om materiaal te winnen zijn we al veelvuldig tegengekomen. Wit wil in *diagram 81* graag met 1. Pf3-e5+ de dame winnen. Helaas faalt het paardschaak omdat de dame op d7 gedekt staat. De oplossing voor dit kleine probleem ligt voor de hand, het paard moet worden verjaagd met 1. b2-b4. Als het paard wijkt dan is de paardvork op e5 winnend. Zwart verliest minstens een stuk (1. ... Dd7-a4 2. Dd1-d5+ helpt niet).

De voorbereidende zet is uitschakelen van de verdediger om gebruik te maken van de matige verdedigende eigenschap van een gepend stuk.

81

Richten

Denken we in *diagram 82* de loper op g5 even weg. Wit probeert met 1. f2-f4 het paard op e6 nog een keer aan te vallen. Zwart kan dat eenvoudig met een koningszet pareren. Dezelfde pionzet met de loper op het bord geeft heel goed het kernpunt van de voorbereidende zet richten aan. Dank zij de tempowinst door de aanval op de loper is richten een heel gevaarlijk wapen. Met een beetje fantasie kun je zeggen dat wit twee keer achter elkaar mag zetten.

82

Richten

Belangrijke stukken die op dezelfde lijn, rij of diagonaal staan hebben een grote aantrekkingskracht. In *diagram 83* staan de dame en de koning klaar voor een penning. De witte loper wil daarom het liefst naar d5. Met de voorbereidende zet richten wordt de loper met tempo omgespeeld.

Na 1. Lh5-f3 heeft wit een dubbele dreiging, slaan op b7 en de penning van de dame. Zwart kan het beste de kwaliteit op b7 geven.

83

Veldruiming

De voorbereidende zet ruimen is meestal gemakkelijk. Een eigen stuk staat danig in de weg op een veld of op een lijn en het moet daarom met tempo worden weggespeeld. In *diagram 84* staan de witte toren en de koning op een diagonaal. De zet 1. ... c5-c4 dringt zich op. Wit verliest minstens een stuk want het slaan van de pion met 2. Lb3xc4 kost na 2. ... Ld6-c5 zelfs een hele toren. Wit heeft de pech dat 2. Te3-c3 toch met 2. ... Ld6-c5+ wordt beantwoord.

84

Lijnruiming

De lijnruiming als voorbereidende zet is eigenlijk niets anders dan een aftrekaanval. Het stuk dat in de weg staat om te profiteren van de penning is het kopstuk dat een aanvalsdoel moet uitkiezen. Wit speelt in *diagram 85* 1. Pc4-b6+ om na 1. ... a7xb6 de penning van de f-pion uit te buiten met 2. Db3xe6. Wit wint de kwaliteit.

De vorm van de penning is een gepend stuk is geen goede verdediger.

85

59

Voorbeeldstellingen

Welke stukken op een lijn, rij of diagonaal staan is het belangrijkste aanknopingspunt bij het maken van de opgaven. De zwarte dame is het mikpunt in *diagram 86*. Voor de penning door de loper op c3 moet alleen de toren nog wijken. Die vindt een plaatsje op de zevende rij met aanval op de loper. Zwart moet de loper inleveren.
Penning met als voorbereidende zet veldruiming.

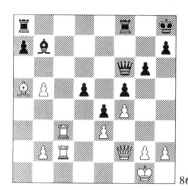

86

De stelling in *diagram 87* is veel gecompliceerder.
Wit oefent een grote druk uit op de loper op d5 maar die is niet te pennen en niet aan te vallen. De oplossing is het vervangen van de loper door de pion. Dat daarvoor een toren moet worden geofferd is niet erg als we wits volgende zet vooruitzien: 1. Td1xd5 e6xd5 2. De2-e4. Nu blijkt dat wit een kopstuk heeft neergezet waar gebruik van gemaakt kan worden met een kruispenning. De d-pion staat tweemaal gepend. Zwart kan materiaalverlies niet vermijden omdat na een dame- of koningszet ook de toren op a8 nog blootstaat aan een dubbele aanval.

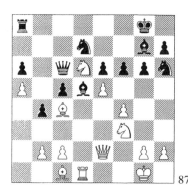

87

Er staat niet veel gepend in *diagram 88*. Alleen de pion op h7 maar door de aanwezigheid van pion f7 kan wit nog geen paardschaak geven op g6. Wit lijkt tijd te moeten verliezen omdat de dame instaat, maar wit heeft geluk. Met het uitschakelen van pion f7 dreigt niet alleen de paardvork op g6 maar 'toevallig' staat zwart dan ook mat. De dame op d4 is ineens niet belangrijk meer. Wit wint met 1. Lb3xf7 waarna zwart meteen kan opgeven. Hij verliest minstens de dame.

88

Les 8: Oefeningen   *Oefening 8a: Penning (voorbereidende zet)*

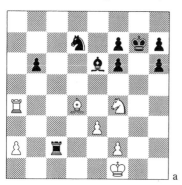

a

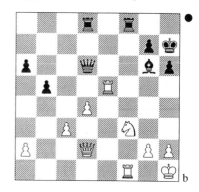

b

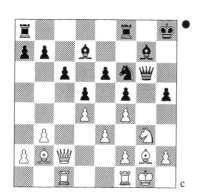

c

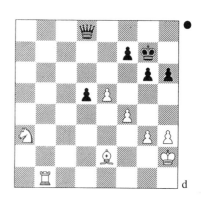

d

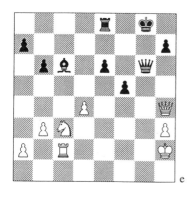

e

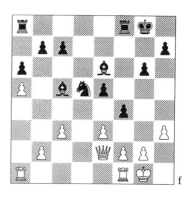

f

61

Oefening 8b: Penning (voorbereidende zet)

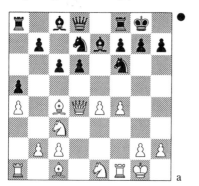

a

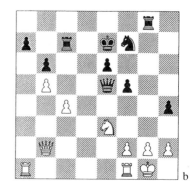

b

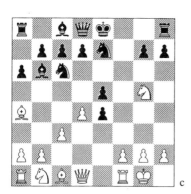

c

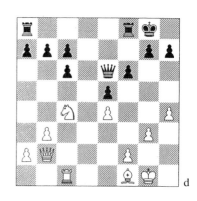

d

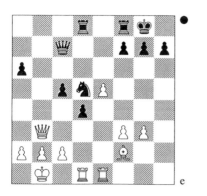

e

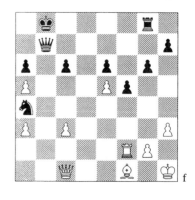

f

Oefening 8c: Penning (voorbereidende zet)

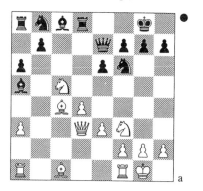

a

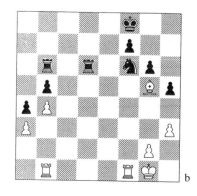

b

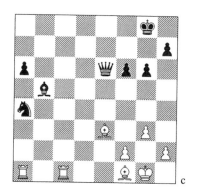

c

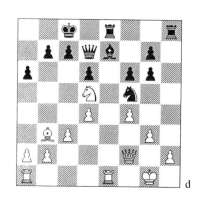

d

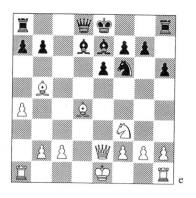

e

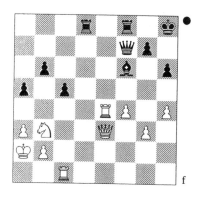

f

Les 9: Toren tegen pion

Krachtsverschil

Het verschil tussen een dame en een toren is vier punten. Dit krachtsverschil komt goed tot uiting in de strijd tegen een pion. De dame heeft alleen moeite met sommige pionnen op de voorlaatste rij.

In hoofdstuk 16 van Stap 4 kun je alles nog eens nalezen. De dame op het promotieveld, zie *diagram 89a*, heeft met geen enkele pion moeite. Hoe groot is het verschil met de toren. De pion is minder ver maar toch maakt zwart gemakkelijk remise: 1. Kg8-f7 Kg4-f3 2. Kf7-g6 Kf3-f2 3. Tg1-a1 g3-g2.

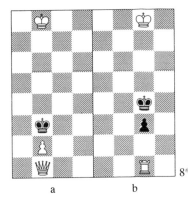

Hulp van de koning

De toren moet tegen alle pionnen, zelfs pionnen die nog niet ver zijn opgerukt, flink zijn best doen. Hij heeft de hulp van de koning hard nodig en een perfecte samenwerking tussen beide is vereist. Als de koning in het vierkant van de pion kan komen, zoals in *diagram 90*, dan is de winst meestal wel binnen te halen. De koning moet als een haas naar de pion toe: 1. Kb5-c4 f4-f3 2. Kc4-d3 f3-f2 3. Kd3-e2 en de pion valt. De winst is gemakkelijk omdat de koning ongestoord dichterbij kan komen.

Naderen langs de goede kant

Het naderen van de koning van de torenpartij moet met de nodige voorzichtigheid gebeuren als de vijandelijke koning in de buurt is. In *diagram 91* is 1. Kf7-f6 een slechte zet omdat na 1. ... e4-e3 wit om een nuttige zet verlegen zit. De regel is dat de koning de pion moet naderen langs de kant waar de koning van de pionpartij niet staat. Dat betekent voor deze stelling 1. Kf7-e6 e4-e3 2. Ke6-d5 Kf4-f3 3. Kd5-d4 e3-e2 4. Kd4-d3 en de pion valt.

De koning verjagen

In *diagram 92* verhindert de koning op d4 het naderen van de koning. Zonder koning kan wit niet winnen, bijv. 1. Th8-e8 e4-e3 2. Kb5-b4 Kd4-d3 3. Kb4-b3 e3-e2 4. Te8-d8+ Kd3-e3 of 1. Th8-d8+ Kd4-c3 2. Kb5-c5 e4-e3. De zwarte koning kan alleen worden verjaagd als de koningen naast elkaar staan (met een veld tussenruimte natuurlijk). De pion mag dan nog niet op de voorlaatste rij staan. Op dat moment geeft de toren schaak en dwingt de koning opzij. De juiste speelwijze: 1. Kb5-b4 e4-e3 (of 1. ... Kd4-d3 2. Kb4-b3) 2. Th8-d8+ Kd4-e4 3. Kb4-c3 en de pion valt.

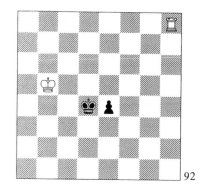

92

Torenopstelling

De plaats van de toren ten opzichte van de pion is van het grootste belang. Voor het naderen van de koning in *diagram 93* is de pion te ver: 1. Kf6-f5 e4-e3 2. Kf5-f4 e3-e2 3. Th8-e8 Kd3-d2 en remise.
Een ander plan is 1. Th8-h3+ e4-e3 2. Kf6-e5 Kd3-d2 3. Ke5-d4 e3-e2 4. Th3-h2 Kd2-d1 5. Kd4-d3 e2-e1P+. Helaas is dit eindspel niet te winnen. Vanaf de zijkant kan de toren dus weinig uitrichten. De beste plaats voor de toren is achter de pion. Vandaar valt hij de pion aan en beheerst hij het promotieveld. Omdat 1. Th8-e8 tot de eerste variant leidt, moet wit een tempo winnen: 1. Th8-d8+ Kd3-c2 2. Td8-e8 Kc2-d3 3. Kf6-f5 e4-e3 4. Kf5-f4 e3-e2 5. Kf4-f3.

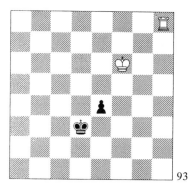

93

Strategie van de pionpartij

De juiste aanpak voor de torenpartij is uitvoerig aan bod geweest. De mogelijkheden voor de pionpartij zijn natuurlijk beperkter maar toch groter dan op het eerste gezicht lijkt. De pion opspelen en de koning laten helpen liggen voor de hand. Soms is dat niet genoeg. In *diagram 94* komt zwart te laat na 1. ... g4-g3 2. Kc5-d4 g3-g2 3. Tc8-g8 of 1. ... Kf5-f4 2. Kc5-d4 Kf4-f3 3. Kd4-d3 g4-g3 4. Tc8-f8+.

Naast het helpen van de pion kan de koning ook proberen de vijandelijke koning af te houden. Dat is in deze stelling uiterst effectief: 1. ... Kf5-e4 2. Tc8-g8 Ke4-f3 3. Kc5-d4 g4-g3 4. Tg8-f8+ Kf3-e2.

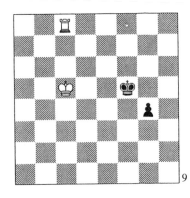

Afhouden

In *diagram 95* is de natuurlijke reactie op het schaak van de toren de koningszet naar c2, op weg naar het promotieveld. Het nadeel van de zet is dat de witte koning ongehinderd dichterbij kan komen.

Na 1. ... Kc3-c2 2. Ke5-d4 b4-b3 3. Th3-h2+ Kc2-c1 4. Kd4-c3 gaat de pion al verloren.

Het afhouden van de vijandelijke rol speelt hier een veel belangrijkere rol. Vandaar 1. ... Kc3-c4 en wit komt niet goed verder. Het enige dat wit nog kan bereiken is het eindspel toren tegen paard dat we al eerder tegenkwamen: 1. ... Kc3-c4 2. Th3-h4+ Kc4-c3 3. Ke5-d5 b4-b3 4. Th4-h3+ Kc3-c2 5. Kd5-c4 b3-b2 6. Th3-h2+ Kc2-c1 7. Kc4-c3 b2-b1P+ met remise.

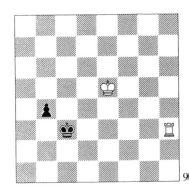

Afhouden gaat voor lopen

Rennen met de pion is in *diagram 96* volkomen kansloos: 1. ... d4-d3 2. Kg6-f5 Kc4-c3 3. Kf5-e4 d3-d2 4. Ke4-e3. Een tweede plan is het afhouden van de witte koning. Dat idee komt niet direct naar voren omdat de zwarte koning voor zijn eigen pion moet gaan staan. Toch is het voorkomen van het ingrijpen van de witte koning zo sterk dat zwart remise maakt: 1. ... Kc4-d3 2. Kg6-f5 Kd3-e3. De witte koning staat aan de verkeerde kant en de tijd ontbreekt om de koning helemaal om te spelen. Het spel blijft remise.

Horizontaal afgesneden

In alle stellingen tot nu wist de torenpartij alleen maar te winnen als de koning snel genoeg bij de pion kon komen. Er is een situatie waarbij de koning niet echt haast hoeft te maken. In het linkerdeel van *diagram 97* is de zwarte koning na 1. Td8-d5 horizontaal van de pion afgesneden. Dit is heel effectief op de vijfde rij of hoger (voor zwart de vierde en lager!). Als de pion wordt opgespeeld dan gaat hij verloren (1. ... b4-b3 2. Td5-d3), anders komt de koning dichterbij. Rechts zien we een rij lager afsnijding na 1. Te8-e4; die stelt niets voor. Na 1. ... h4-h3 2. Kh8-g7 h3-h2 moet wit al met de toren spelen.

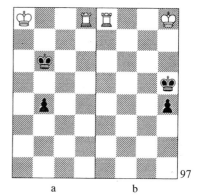

a   b

Voorbeeldstellingen

De regels voor de torenpartij:
- naderen met de koning langs de andere kant van de pion waar de koning van de tegenpartij staat
- de toren zo mogelijk achter de vrijpion
De regels voor de pionpartij:
- afhouden van de vijandelijke koning
- rennen met de pion.

Bij het oplossen van de opgaven moet je kijken welke regel van toepassing is. In *diagram 98* moet de witte koning naar de andere kant. Hij moet even wachten want 1. Kf7-e7 Kf5-e5 schiet niet op.
Daarom 1. Te8-e7 Kf5-f4 2. Kf7-e6 e4-e3 3. Ke6-d5 en wit is op tijd.

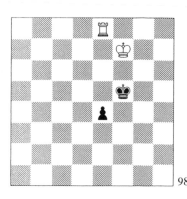

98

Gewoonlijk gaat de koning van de pionpartij niet voor zijn eigen pion staan, behalve als hij de koning van de tegenpartij moet afhouden. De 'normale' zet in *diagram 99* 1. ... Kd3-c2 voldoet niet na het sterke 2. Td8-e8 Kc2-d3 3. Kg6-f5 e4-e3 4. Kf5-f4 e3-e2 5. Kf4-f3 en de pion valt. Wel correct is 1. ... Kd3-e2 2. Kg6-f5 Ke2-f3. Hoe vreemd ook, wit staat dichterbij met de koning en zwart lijkt niets opgeschoten, de stelling is nu remise. Zonder koning kan wit niets ondernemen. Hij komt in alle varianten een zet te laat.

99

Regels zijn er om te worden nageleefd. Als je de aanwijzingen uit dit hoofdstuk blindelings volgt moet je in *diagram 100* 1. Ka7-b6 spelen om na 1. ... Ka4-a3 2. Kb6-c5 b3-b2 3. Kc5-c4 Ka3-a2 4. Tb7-a7+ Ka2-b1 5. Kc4-b3 de pion te veroveren. Onjuist, een oplettende zwartspeler speelt 1. ... Ka4-b4 2. Kb6-c6 Kb4-c4 waarna hij de gevaarlijke a-lijn heeft verlaten. De witte koning moet de b-lijn een zet later 'oversteken' en dan duurt het even maar de winst is geen probleem: 1. Ka7-a6 Ka4-a3 2. Ka6-b5 b3-b2 3. Kb5-c4 Ka3-a2 4. Tb7-a7+ Ka2-b1 5. Kc4-b3 Kb1-c1 6. Ta7-c7+ Kc1-b1 7. Tc7-c8 (maar niet 7. Tc7-c2 Kb1-a1) 7. ... Kb1-a1 8. Tc8-a8+ Ka1-b1 9. Ta8-a2.

10

Les 9: Oefeningen *Oefening 9a: Toren tegen pion*

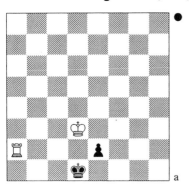

a

b

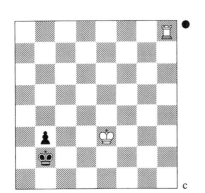

c

d

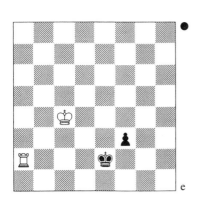

e

f

69

Oefening 9b: Toren tegen pion

a

b

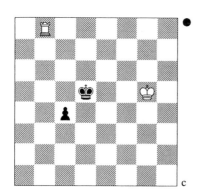

c

d

e

f

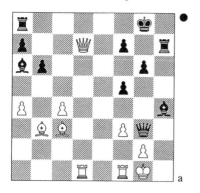

a

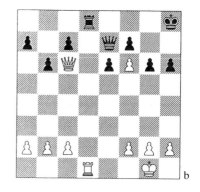

b

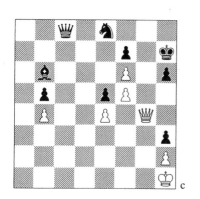

c

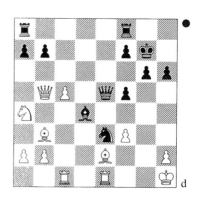

d

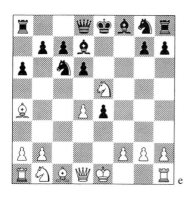

e

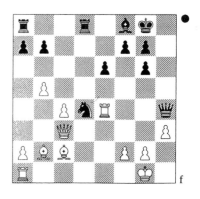

f

Les 10: De opening

Goed maar saai

De stelling uit *diagram 101* komt heel vaak voor in partijen van beginnende schakers. Wit en zwart hebben zich netjes aan de regels gehouden. De structuur van de pionnen is helemaal vastgelegd en dat is toch wel een nadeel. Voor echte strijd is spanning nodig en die ontbreekt voorlopig. Het in het spel brengen van de dame en de torens is lastig omdat er geen lijnen geopend kunnen worden. Alleen de lichte stukken hebben genoeg bewegingsvrijheid. Deze manier van spelen is veilig en daarom niet slecht, ze stelt alleen de tegenstander niet voor lastige problemen.

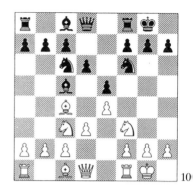

Strijd om e5

Al in stap 3 is erop gewezen dat je vanaf het begin van de partij strijd moet leveren om het centrum. De pion op e5 stoort in *diagram 102* in het maken van een mooi centrum met de pionnen op e4 en d4. Het witte plan moet erop gericht zijn punt e5 op te ruimen, door slaan of zwart te dwingen zelf met de pion op e5 te slaan. De pionstructuur van zwart aantasten kan alleen met spanning in de stelling.

Een speelwijze zoals in het diagram hierboven is daarvoor niet geschikt. Met alleen een paard kan wit e5 niet aantasten; de hulp van de d- of f-pion is daarvoor nodig.

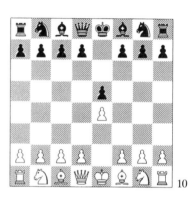

Spanning handhaven

Beide partijen hebben in *diagram 103* direct de plaats voor hun pionnen bepaald. De slagmogelijkheden maken de stelling veel aantrekkelijker. Elk moment kan de structuur van de partij veranderen. Slaan pas goed als iets daarmee in je voordeel verandert. De spanning handhaven is de juiste speelwijze om de tegenstander onder druk te houden. In deze stelling is zelfs een zet als 1. a2-a3 beter dan 1. d4xc5. Zwart zal antwoorden met 1. ... Lf8-d6 (hij wil

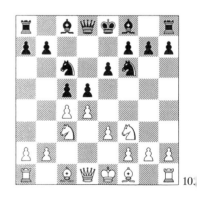

terecht ontwikkelen) en nu is 2. d4xc5 al beter dan op de eerste zet. Wit heeft een tempo gewonnen want zwart moet in beide gevallen op c5 terugslaan. Een heel klein succes dank zij het handhaven van de spanning, al is het dan maar een zet.

Pionstructuur niet vastleggen

Zwart is in de tot nu toe genoemde speelwijzen een beetje afhankelijk van wat wit doet. Een heel andere manier van spelen is om de pionstructuur voorlopig nog niet vast te leggen zoals zwart heeft gedaan in *diagram 104*. Het hele centrum is stevig in witte handen. Zwart moet de witte structuur aanvallen met e7-e5 of c7-c5, ondersteund door de dame en de toren op de d-lijn, een loper op g7 en een paard op c6. Wit moet zijn pionnencentrum in stand houden. Het is vreselijk voor wit als hij c7-c5 met d4xc5 moet beantwoorden. Er blijft niets over van zijn structuur.

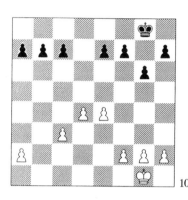

104

Partij 1

Aan de hand van een partij laten we zien wat er met wit kan gebeuren als hij niet juist handelt met zijn sterke centrum. De stelling in *diagram 105* ontstaat na de zetten: 1. d2-d4 Pg8-f6 2. c2-c4 g7-g6 3. Pb1-c3 d7-d5 4. c4xd5 Pf6xd5 5. e2-e4 Pd5xc3 6. b2xc3 Lf8-g7 7. Lf1-c4 c7-c5 8. Pg1-e2 Pb8-c6 9. Lc1-e3 0-0. Het eerst waar wit nu voor moet zorgen is dat er genoeg stukken kunnen helpen om het sterke centrum te ondersteunen. Hij moet kort rokeren en de dame naar d2 spelen zodat een toren op de d-lijn kan ondersteunen. In plaats daarvan denkt hij dat de tijd al rijp is om aan te vallen en wit speelt 10. h2-h4. Zwart moet de aanval maar laten komen, hij moet terugslaan in het centrum.

105

De beste zet is het opgeven van de spanning met 10. ... c5xd4. Op direct 10. ... Dd8-d6 is 11. e4-e5 lastig. Het slaan levert zwart een aantal voordelen op en dan is het opgeven van spanning gerechtvaardigd. Er volgt 11. c3xd4 Dd8-d6 (nu dreigt een dubbele aanval op b4) 12. Ta1-c1 Tf8-d8 en deze stelling staat in *diagram 106*. Zwarts tweede succesje. Wit moet de formatie d4-e4 verbreken: 13. d4-d5 (of 13. e4-e5 Dd6-b4+) 13. ... Pc6-e5. Een nieuw probleem voor wit, als de loper wijkt komt weer 14. ... Dd6-b4+ met winst van de e-pion. Wit probeert 14. Dd1-b3 en *diagram 107* is bereikt.

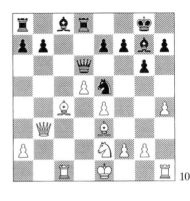

106

Zwart onderneemt nu geen voorbarige acties met Pe5-g4 maar ontwikkelt ook zijn laatste lichte stuk: 14. ... Lc8-d7 15. f2-f3 (dekt pion e4 stevig en verhindert Pe5-g4 definitief; slaan op b7 hoeft zwart niet te vrezen: 15. Db3xb7 Td8-b8 16. Db7-a6 Tb8-b4 en na dameruil moet de loper d3 blijven dekken. Zwart wint materiaal terug). Van de witte aanval is nog niets terechtgekomen. De h-pion kan beter op h2 staan! Zwart maakt de partij nu met bekende combinaties uit: 15. ... b7-b5 (het kopstuk lokken, maar wit slaat niet) 16. Lc4-d3 Dd6-b4+ (een aardige slotzet: in een paardvork lokken en uitschakelen van de verdediging: weg+hout).

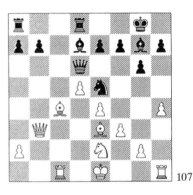

107

Partij 2

Het centrum gevormd door de pionnen d4 en e4 is natuurlijk veel sterker dan de getoonde partij laat zien. Als zwart niets onderneemt tegen de witte structuur dan loopt het slechter met hem af. Als illustratie een andere partij. Zwart laat het centrum aan wit over en beperkt zich tot afwachten. Dat wordt zwaar bestraft: 1. e2-e4 g7-g6 2. d2-d4 Lf8-g7 3. Pb1-c3 d7-d6 4. Lf1-e2 Pb8-d7 5. Pg1-f3 e7-e6 6. Lc1-

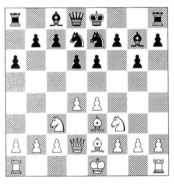

108

e3 Pg8-e7 7. Dd1-d2 a7-a6 en deze stelling staat in *diagram 108*. Hier kan wit zijn gang gaan omdat het centrum niet onder druk staat. Er is geen spanning en wit wordt niet lastig gevallen met slagmogelijkheden.

De loper op g7 is zwarts beste stuk en dat verklaart de volgende witte zet: 8. Le3-h6. Na ruil op h6 verhindert de dame de rokade. Daarom brengt zwart zijn koning in 'veiligheid': 8. ... 0-0 9. h2-h4 (hier de juiste actie) Pd7-f6 10. h4-h5 (zie *diagram 109*) 10. ... e6-e5. Te laat. Ook 10. ... Pf6xh5 helpt niet vanwege 11. g2-g4 Ph5-f6 12. Lh6xg7 Kg8xg7 13. Dd2-h6+ Kg7-g8 14. e4-e5. De gespeelde zet verhindert in ieder geval e4-e5. Wit dwingt snel een beslissing af: 11. Lh6xg7 Kg8xg7 12. h5xg6 f7xg6 (of 12. ... Pe7xg6 13. Dd2-h6+ Kg7-g8 14. Pc3-d5) 13. Dd2-h6+ Kg7-h8 14. d4xe5 en wit wint materiaal en behoudt een beslissende aanval.

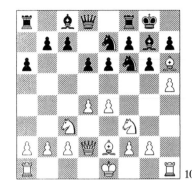

109

Les 10: Oefeningen   *Oefening 10a: Toets stap 2, 3 en 4*

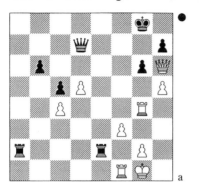

a

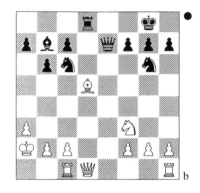

b

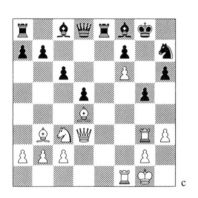

c

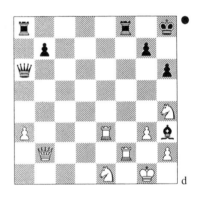

d

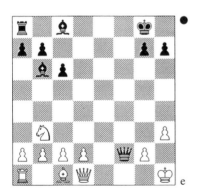

e

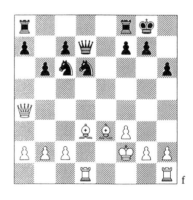

f

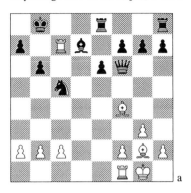

a

b

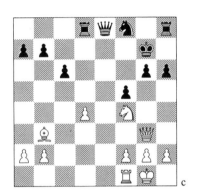

c

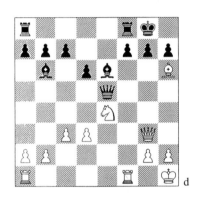

d

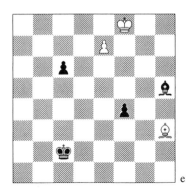

e

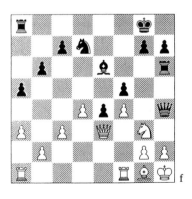

f

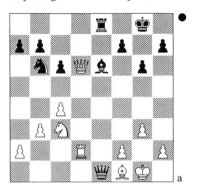

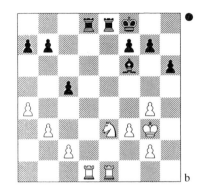

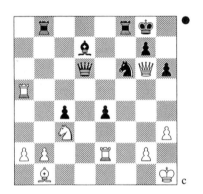

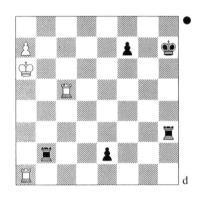

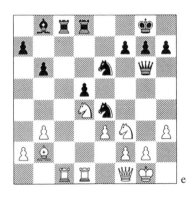

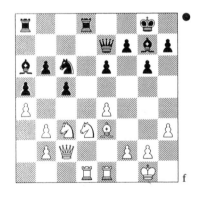

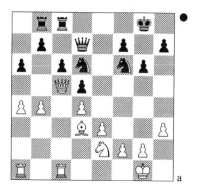

a

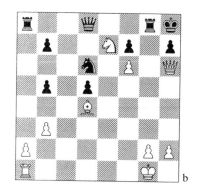

b

c

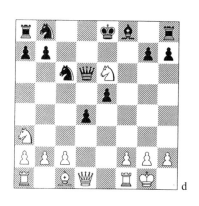

d

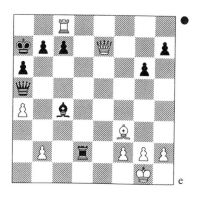

e

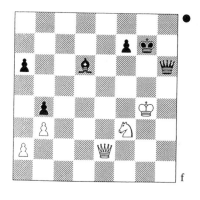

f

Les 11: Sterke velden

Voorwaarden

In hoofdstuk 10 van de 4e stap heb je kennis gemaakt met sterke velden. Een sterk veld is sterk als je het veld met een pion beheerst, je er een stuk naar toe kunt brengen en als je tegenstander het veld niet met een pion kan bestrijken. In *diagram 110* heeft wit nog geen sterk veld maar hij kan er wel enkele maken. Drie velden komen in aanmerking: c5, e5 en d4. Allereerst moet wit voorkomen dat zwart met 1. ... Kf7-f6 en 2. ... e6-e5 twee eventuele sterke velden afpakt. Daarom 1. Pf2-d3 Kf7-f6 2. f3-f4. De velden e5 en d4 zijn beveiligd. Wit brengt nu zijn koning naar d4 en het paard naar e5 of c5.

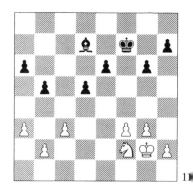

Paard of loper?

Het veld d5 in *diagram 111* voldoet aan de voorwaarden voor een sterk veld. Welk stuk is het meest geschikt is om het veld te bezetten? De dame en de toren vallen af. Zij zijn met lichte stukken op het bord te kwetsbaar.

De loper bestrijkt meestal meer velden dan het paard maar op d5 kijkt de loper naar twee velden en valt hij twee zwarte stukken aan (maximaal 4).

Een paard op d5 bestrijkt meer velden en hij valt meer aan (maximaal 8!). Daarbij kan het paard springen. Als wit mag kiezen dan neemt hij een paard voor d5. Een loper is minder sterk, maar hij staat op d5 nog altijd beter dan ergens anders.

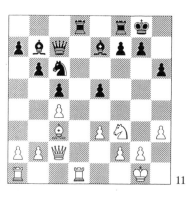

Sterk veld maken

Sterke velden kunnen ontstaan door slecht spel van de tegenstander. Pionzetten kunnen velden verzwakken. Als vanuit de beginstelling 1. e2-e4 c7-c5 2. c2-c4 Pb8-c6 wordt gespeeld dan is veld d4 al bijna een sterk veld voor zwart. Sterke velden kunnen ook worden afgedwongen. Wits laatste zet in *diagram 112*, b2-b4 is geen gelukkige. Zwart kan met 1. ... a7-a5 veld c5 voor zijn paard veroveren.

De juiste reactie op a7-a5 is 2. a2-a3 maar

omdat de toren op a1 ongedekt staat is die zet niet mogelijk. Wit moet 2. b4-b5 spelen en zwart bezet het sterke veld: 2. ... Pd7-c5. Het paard heeft aan kracht gewonnen.

Sterk veld maken

Wit is in *diagram 113* in het voordeel doordat hij over meer ruimte beschikt. Toch is het niet gemakkelijk verder te komen. Zwart dreigt binnen te komen op d3 en torenruil met Tf1-d1 brengt wit niet veel verder. De oplossing ligt in het creëren van een sterk veld voor het paard op d6. De pion op c7 moet daarom verdwijnen. Wit heeft een aardige zet om dat voor elkaar te krijgen: 1. Lb3-a4 c7-c6 (anders verliest zwart de kwaliteit) 2. Pc4-d6. De witte stelling is zienderogen verbeterd door de prachtige positie van het paard op het nieuwe sterke veld.

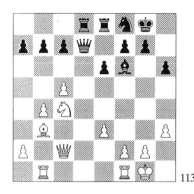

113

Op weg naar het sterke veld

Zwart staat beter in *diagram 114*. Hij kan op koningsaanval spelen met 1. ... Tb8 maar het is handiger eerst het paard om te spelen naar het sterke veld c4 (ook b3 kan in aanmerking komen). Na 1. ... Pe7-c6 en 2. ... Pc6-a5 en 3. ... Pa5-c4 komt het paard onaantastbaar te staan door de pion op a4. Het paard verricht meer dan een dienst. De zwakke pion op c7 kan niet meer worden aangevallen en het paard versterkt de aanval enorm. De lange weg van e7 is daarom meer dan de moeite waard.

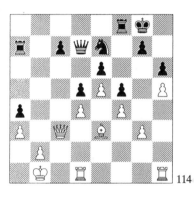

114

Op weg naar het sterke veld

Het ligt voor de hand in *diagram 115* om met 1. ... Tf8-d8 de druk op de zwakke witte d-pion te verhogen. Na de torenzet kan wit met het slimme 2. Dd2-c3 de d-pion opruimen. Slaan op d4 kan niet, het eindigt met mat op c8 en na een paardzet komt d4-d5 met matdreiging op g7. Zwart moet daarom beginnen met het omspelen van zijn paard naar e7.
Van daaruit kan het paard elk moment

115

naar het sterke veld springen. Ook kan zwart de druk verhogen op de pion met Tf8-d8 en eventueel zelfs het paard naar f5.

Uitschakelen verdediger

Het sterke veld op d5 wordt in *diagram 116* nog door twee zwarte stukken gecontroleerd. Beide stukken, het paard op f6 en de loper op c4 kan wit ruilen. Veld d5 kan door een paard worden bezet en het veld ligt in het centrum, goede redenen om de afruilactie te beginnen: 1. Le2xc4 Tc8xc4 2. Lg5xf6 Le7xf6 3. Dd1-d3. De pion op e4 wordt met tempo gedekt. Na 3. ... Tf8-c8 4. Pc3-d5 staat wit zeer goed. Ook 3. ... Tc4-d4 4. Dd3-f3 verbetert de zwarte stelling niet. Het sterke veld blijft overheersend.

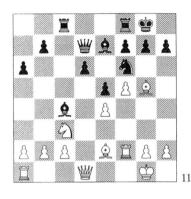
116

Afruil van een verdediger

De loper op e5 in *diagram 117* staat niet slecht, hij kan ook van veld d4 gebruik maken. Alleen kan een loper echter niets beginnen. Voor wit is f5 een sterk veld en het paard op e3 staat al klaar. Direct 1. Pe3-f5 is heel slecht omdat na slaan het sterke veld verdwenen is. Toch moet wit zijn speelplan op veld f5 richten. Daartoe moet hij eerst de loper op c8 tot ruil dwingen. Na 1. Lf1-b5 moet zwart de beheersing van veld f5 opgeven met 1. ... Lc8-d7 of de kwaliteit inleveren.

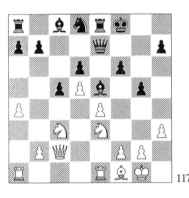
117

Zwakke a-pion

Twee lopers kunnen een enorme kracht vormen maar in *diagram 118* heeft wit teveel zwakke pionnen. Het ergste is dat pion a4 verloren dreigt te gaan en wel direct met 1. ... Pf8-d7 en 2. ... Pa6-c5.

Wit heeft maar een loper op c5 gericht. De witte loper moet de weg van het paard afsnijden. Dank zij de koning op c8 lukt dat net; na 1. h3-h4 Pf8-d7 kan de loper het paard op h3 pennen. Ook na 1. ... Kc8-d8 2. Lg2-h3 heeft wit het ergste achter de rug.

118

Geduld

In *diagram 119* dreigt wit op e5 te slaan. De loperdiagonaal wordt dichtgestopt en het mooie veld e5 gaat voor een stuk verloren. Zwart heeft pech dat 1. ... Pf6-d7 niet gaat vanwege de zwakte op f7. Ook slaan op f4 komt niet zo in aanmerking omdat wit met de g-pion terugneemt. Het beste is om even geduld te oefenen en een stapje terug te doen met 1. ... De5-e7. Op de volgende zet vervolgt zwart met 2. ... Pf6-d7 om bijtijds het sterke veld met het paard te bezetten.

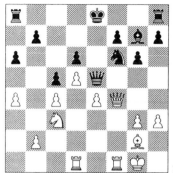

119

Sterk veld elimineren

De pionstructuur in *diagram 120* is bijna dezelfde als in *diagram 116*. Zwart is er in deze stelling veel beter aan toe omdat hij veld d5 controleert met de loper. Als hij lijdzaam afwacht komt wit toch opzetten. Zijn plan kan zijn: Le2-f3 en Tf2-d2 om de stukken aan de d-pion te binden. Actie is veel beter.

Met 1. ... d6-d5 maakt zwart definitief een eind aan een eventueel sterk veld; bijv. 2. e4xd5 e5-e4 3. Pc3xe4 Lf6xb2 of 2. Pc3xd5 Lb7xd5 3. e4xd5 Tc8xc2 in beide gevallen is zwart in het voordeel.

120

Samenvatting

Een veld noemen we sterk als:
− het veld niet door een vijandelijke pion kan worden bestreken;
− een eigen stuk (liefst een paard) op het veld staat of er kan komen.

We kunnen sterke velden zelf creëren of zwakke zetten van de tegenstander uitbuiten. Een sterk veld zonder dat er een stuk heen wordt gespeeld heeft niet veel betekenis. Mogelijke belagers van het veld moeten we uitschakelen door ruil.

We voorkomen dat het sterke stuk geslagen kan worden en dat een pion moet terugslaan.

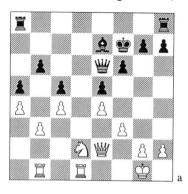

a

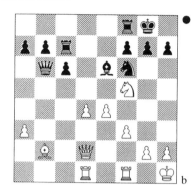

b

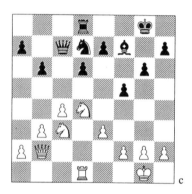

c

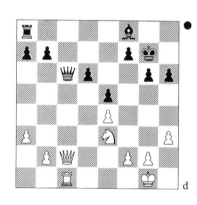

d

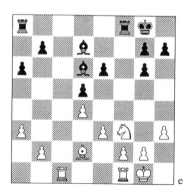

e

f

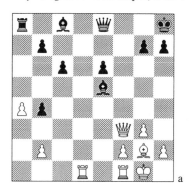

a

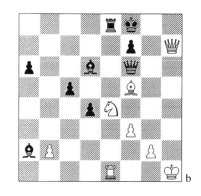

b

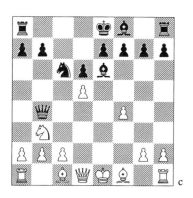

c

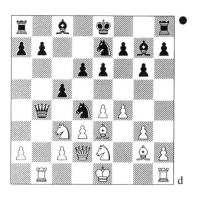

d

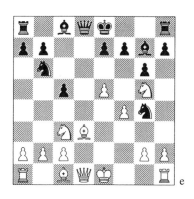

e

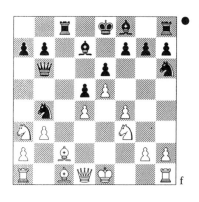

f

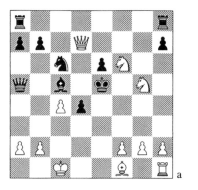

a

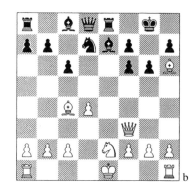

b

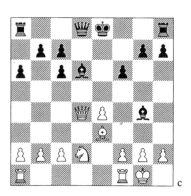

c

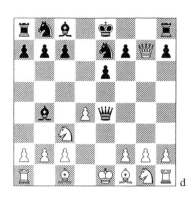

d

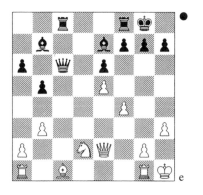

e

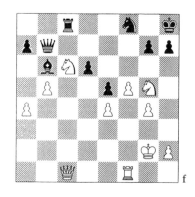

f

Les 12: Koningsaanval

Toegang + stukken erbij

Voor de juiste aanvalsvoering op de roka-destelling zijn van belang:
— toegang maken (een gaatje maken)
— stukken aanvoeren (punten erbij)
— verdedigers uitschakelen (punten eraf)
Niets nieuws, alles is bekend uit de vierde stap. In *diagram 121* zijn drie zwarte stukken in de aanval; de rokadestelling van wit is iets verzwakt. Zwart moet opschieten voor wit verse troepen aanvoert.
Tot winst leidt 1. ... Tg8xg3+ 2. h2xg3 en nu niet inhalig 2. ... Dh3xg3+ 3. Kg1-h1 waarna het paard en de toren mee kunnen verdedigen, maar punten erbij met 2. ... Td8-g8. Tegen 3. ... Tg8xg3+ staat wit machteloos.

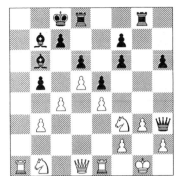

121

Uitschakelen door onderbreken

Nog een voorbeeld in *diagram 122* om in de goede aanvalsstemming te komen. Het gat in de witte muur is al geslagen, nu nog voldoende punten erbij om mat te zetten. Zwart heeft niet veel keus. Snel bekeken is 1. ... Pg6-h4 2. Dc5-g5 en met de dame in de verdediging zal wit niet meer mat lopen. De dame als verdediger uitschakelen is een idee, maar 1. ... Pf6-d5 of 1. ... h7-h6 zijn te langzaam vanwege 2. Kg1-h1 en de toren komt erbij. Zwart moet de harde aanpak volgen: 1. ... Pf6-g4 2. f3xg4 en nu de g-lijn dicht is gemetseld wint 2. ... Pg6-h4 wel. Een zet uitstel krijgt wit met 2. Dc5-d6 e6-e5 maar uiteindelijk gaat wit ook dan mat. Onderbreken speelt in beide varianten de hoofdrol.

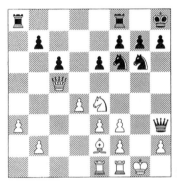

122

Het loperoffer op h7

Bij alle aanvallen op de rokadestelling heb je vast wel ontdekt dat sommige motieven en offers steeds weer terugkeren. In het bijzonder geldt dat voor het loperoffer. Het is het oudst bekende offer (het staat al in een boek uit 1619) en sindsdien het meest onderzocht omdat het zo vaak voorkomt. In *diagram 123* staat een eenvoudig voorbeeld: 1. Ld3xh7+ Kg8xh7 2. Pf3-g5+. Na het schaak kan zwart drie koningszetten spelen: 1. ... Kh7-h6 2. f2-f4 Tf8-h8 (anders mat) 3. Dg4-h4+ of 1. ... Kh7-g6 2. Pg5xe6+ Kg6-h6 3. Dg4xg7+ Kh6-h5 4. Pe6-f4+ en 1. ... Kh8-g8 2. Dg4-h5 en om mat te voorkomen moet zwart de dame geven.

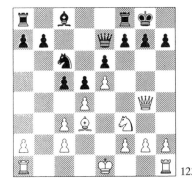

123

Typische matvoering

De voorwaarden voor het loperoffer zijn in *diagram 124* weer aanwezig: de loper op d3, een paard op f3 en een dame die op h5 gericht staat. Na 1. Ld3xh7+ Kg8xh7 2. Pf3-g5+ Kh7-g8 3. Dd1-h5 kan zwart het mat op h7 alleen maar dekken door de dame te geven of de toren weg te spelen. In het tweede geval komt een typische matvoering: 3. ... Tf8-e8 4. Dh5xf7+ Kg8-h8 5. Df7-h5+ Kh8-g8 6. Dh5-h7+ Kg8-f8 7. Dh7-h8+ Kf8-e7 8. Dh8xg7 mat.

Pion e5 heeft bij het loperoffer een belangrijke functie. De koningszet naar h6 komt niet echt in aanmerking: 2. ... Kh7-h6 3. Pg5xe6+. In het volgende diagram staat de derde zet.

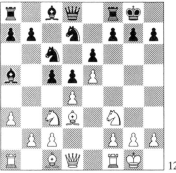

124

Kh7-g6

De koningszet naar g6 is meestal het lastigste te bestrijden (zie *diagram 125*). Niet altijd loopt zwart mat en wit moet dan tevreden zijn met het terugwinnen van materiaal. In het algemeen kan wit de zet op drie manieren bestrijden. Niet altijd winnen ze allemaal, soms is maar een weg de winnende.

Variant 1: 3. Dd1-d3+ f7-f5 4. Pg5xe6 (4. Dd3-g3 leidt tot variant 2) 4. ... Dd8-e7 5. Pe6xf8+ De7xf8 6. Pc3xd5 c5xd4. Wit maakt de achterstand in materiaal goed. Er moet voor het hele punt nog een flinke strijd worden gevoerd.

Variant 2: 3. Dd1-g4 f7-f5 (gedwongen) 4. Dg4-g3 en deze stelling staat in het volgende diagram.

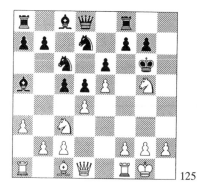

125

Punten erbij

De verdediging voor zwart in *diagram 126* is lastig.

Op 4. ... f5-f4 om wat ruimte te scheppen, komt 5. Lc1xf4 Dd8-e7 6. Dg3-d3+ Tf8-f5 7. g2-g4 Pc6xd4 en nu niet materiaal terugpakken maar de druk opvoeren met 8. h2-h4. Na ineens 4. ... Dd8-e7 kan wit weer materiaal terugwinnen met 5. Pg5xe6+ maar beter is de aanvoer van nieuwe aanvalskrachten met 5. Pc3-e2. Om mat te voorkomen moet dan wel 5. ... f5-f4; na 6. Lc1xf4 dreigt vernietigend Dg3-d3+.

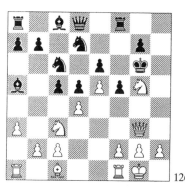

126

Variant 3: (vanuit *diagram 125*) 3. h2-h4. Zwart kan het best met 3. ... Pc6xe5 een stuk teruggeven.

Voorbereiding loperoffer

Naast de loper die wordt geofferd, het paard van f3 en de dame zijn er twee andere stukken die meestal niet gemist kunnen worden. Dat zijn de pion op e5 (die het ontsnappen van de koning over f6 en d6 onmogelijk maakt) en de loper op de diagonaal c1-h6 die nodig is om het paard op g5 te dekken.

In *diagram 127* zien we hoe het offer wordt opgebouwd: 1. e4-e5 Pf6-d5 2. Ld3xh7+ Kg8xh7 3. Pf3-g5+ en de koningszetten komen weer op hetzelfde neer. Geforceerd mat loopt 3. ... Kh7-g6 4. Dd1-d3+ f7-f5 5. e5xf6 e.p+. Kg6-h5 6. Dd3-h7+ Kh5-g4 7. Dh7-h3 mat. De hulp van de toren op f1 komt goed te pas.

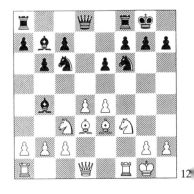

12[

Steun van de h-pion

Zonder loper op de diagonaal c1-h6 slaagt het loperoffer alleen als wit een ander steuntje op g5 heeft. Uitermate geschikt is daarvoor de h-pion. In *diagram 128* staat de witte toren nog op h1 en dat betekent dat zwart niet op g5 kan slaan zonder de toren in het spel te brengen. Het loperoffer is weer een succes: 1. Ld3xh7+ Kg8xh7 2. Pf3-g5+ Le7xg5 3. Dg4-h5+ Kh7-g8 4. h4xg5 f7-f5 5. g5-g6 en mat.

Niet nemen op g5 leidt op de bekende manier tot verlies.

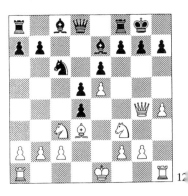

12

Incorrect loperoffer

Het loperoffer op h7 is natuurlijk niet altijd correct. In *diagram 129* is het offer een te groot avontuur: 1. Lc2xh7+ Kg8xh7 2. Pf3-g5+ Kh7-g8 3. Dd1-h5 La6-d3. Plotseling heeft wit geen enkele dreiging meer. Het extra zwarte stuk in de verdediging is te veel.

Beter is 3. Te1-e3 om de loperzet naar d3 te verhinderen maar dan krijgt zwart tijd om het irritante paard op g5 te verjagen met 3. ... f7-f6.

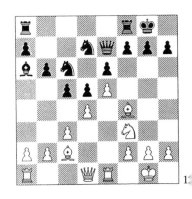

1

Voorbeeldstellingen

In *diagram 130* is het gat in de zwarte koningsstelling al geslagen. De toren op e3
wordt met zwarts laatste zet f5-f4 nog net
van een beslissende ingreep afgehouden.
Wit kan natuurlijk met 1. Te3-e5 zwart
dwingen de dame te geven, maar hij moet
dan nog even voor de winst werken. Verve-
lend is dat de toren op h1 helemaal niets
doet. Het is het onthouden waard hoe deze
kan worden ingeschakeld: 1. Te3-g3+
f4xg3 2. Ld3xh7+ Kg8xh7 3. h2xg3+
Kh7-g8 4. Th1-h8 mat.

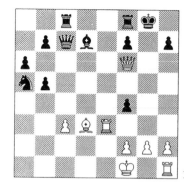

130

Zwart heeft in *diagram 131* op het eerste
gezicht een veilige rokadestelling. Een stevige pionnenmuur en een paar verdedigers. Met 1. Pf5-h6+ kan een gat worden
gemaakt, maar helaas dekt het paard op e8
pion f6 nog. Deze denkwijze brengt ons
direct bij het uitschakelen van het verdedigende paard. Na 1. Te1xe8 Td8xe8 2. Pf5-
h6+ g7xh6 (of 2. ... Kg8-h8 3. Dh5xf7
g7xh6 4. Lb2xf6+) 3. Dh5-g4+ Lf8-g7 4.
Lb2xf6 wint wit.
In zulke stellingen waarin de aanvaller een
overwicht aan punten heeft op de koningsvleugel moet je altijd naar offers kijken die
een gat maken in de koningsstelling.

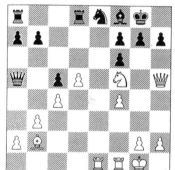

131

Zwart staat in *diagram 132* bijna mat. Het
eerst waar we naar moeten kijken is of het
paard op e8 kan worden uitgeschakeld.
Dat is helaas totaal onmogelijk. Pion g6
weglokken met 1. e4-e5 d6xe5 2. Pf4-h5
g6xh5 3. Lg2-e4 werkt niet omdat zwart
het paard op de tweede zet niet slaat.
De toren moet dus ingrijpen. Het paard
moet met tempo verdwijnen om de toren
ruimte te geven: 1. Pf4-d5 c6xd5 2. Tf1-f4
en 3. Tf4-h4 en mat op h7 is niet te voorkomen.

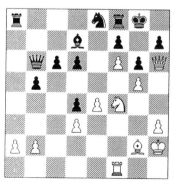

132

Les 12: Oefeningen   *Oefening 12a: Aanval op de rokadestelling*

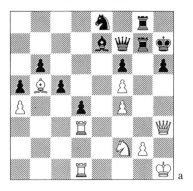
a

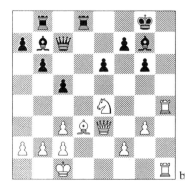
b

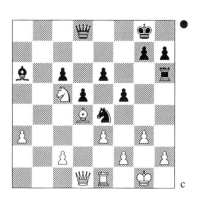
c

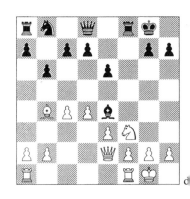
d

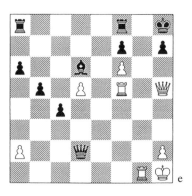
e

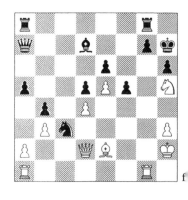
f

Oefening 12b: Aanval op de rokadestelling

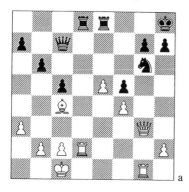

a

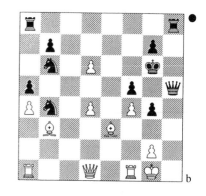

b

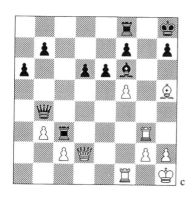

c

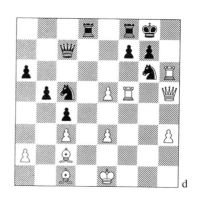

d

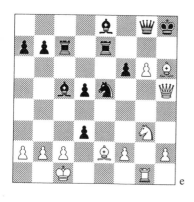

e

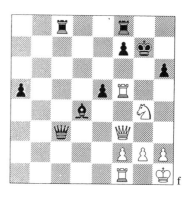

f

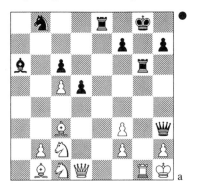

a

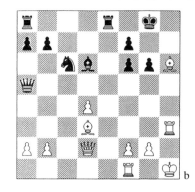

b

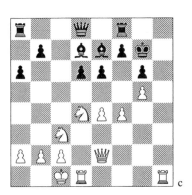

c

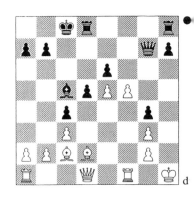

d

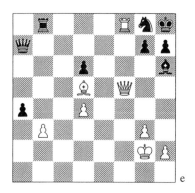

e

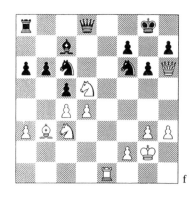

f

Les 13: Toreneindspel

Theorie

Zelfs als je in de randstad woont moet je bij het rijexamen het verkeersbord overstekend groot wild leren. Het argument dat je nooit in het oosten van het land komt wordt niet geaccepteerd. Zo is het ook bij het schaken. Je moet een beetje kennis hebben van de eindspeltheorie ook al kom je nooit in een eindspel. Het belangrijkste van alle eindspelen is het toreneindspel omdat dat verreweg het vaakst voorkomt. De lichte stukken en de dames worden veel sneller geruild. In dit hoofdstuk leer je hoe stellingen als in *diagram 133* gewonnen moeten worden. Begin altijd met het afsnijden van de vijandelijke koning, dus 1. Th1-c1.

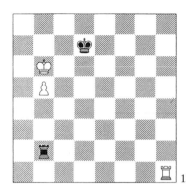

133

Bruggetje bouwen

Het is niet moeilijk te begrijpen hoe *diagram 134* ontstaat uit de vorige stelling. Zwart moet lijdzaam toezien hoe wit de pion naar de 7e rij brengt: 1. Kb7-a7 Tb2-a2+ 2. Ka7-b8 Ta2-b2 3. b6-b7 Tb2-a2. De winstmethode die wit nu volgt heet 'bruggetje' bouwen. Een leerzame techniek die je ook in andersoortige stellingen kunt gebruiken. Wit verdrijft de koning met 4. Tc1-d1+ Kd7-e7 (4. ... Kd7-c6 5. Kb8-c8) en speelt 5. Td1-d4. Zwart wacht af met 5. ... Ta2-a1. Nu komt de koning in het vrije veld: 6. Kb8-c7 Ta1-c1+ 7. Kc7-b6 Tc1-b1+ 8. Kb6-c6. Zwart kan afwachten met 8. ... Tb1-b2 en verliest dan na 9. Td4-d5 of schaak geven met 8. ... Tb2-c2+. Na 9. Kc6-b5 staat de witte toren ideaal om verdere schaaks op te vangen.

134

De 6e rij verdediging

De verdedigende kansen voor zwart in *diagram 135* zijn veel groter omdat de koning voor de pion staat. Na een correcte verdediging kan hij remise maken.

De Fransman Philidor toonde dat al in 1777 aan, maar nog nu worden in soortgelijke stellingen de wonderlijkste fouten begaan. De koning moet blijven waar hij staat en zich niet laten verjagen. De zwarte toren blijft op de 6e rij tot wit de pion opspeelt. Op dat moment gaat de toren als een haas naar beneden om schaak te geven. De witte koning kan nergens schuilen: 1. Ta7-b7 Th6-a6 2. Tb7-h7 Tb6-g6 3. d5-d6 Tg6-g1 4. Kc5-c6 Tg1-c1+ 5. Kc6-d5 Tc1-d1+.

Geslaagde verdediging

Zelfs als de toren van de 6e rij is verdrongen en de toevlucht tot de 8e heeft moeten nemen, zelfs dan is de toestand van zwart in *diagram 136* nog niet hopeloos. Hij boft enorm dat wit over een b-pion beschikt en daarom kan wit niet winnen. Kijk maar: 1. Tf1-f7 Th8-g8 2. Tf7-b7+ Kb8-a8 3. Tb7-a7+ Ka8-b8. Het is duidelijk dat wit niet verder komt. De winstpoging 4. b6-b7 verliest na 4. ... Tg8-g6+.

Zwart hoeft bij andere zetten van wit niets anders te doen dan de toren op een veilig veld op de laatste rij te zetten.

Mislukte verdediging

De stelling in *diagram 137* verschilt maar een klein beetje met de vorige stelling. Ook nu moet de zwarte toren de 8e rij bewaken tegen mat. Alleen links is wat meer ruimte geschapen. Dat kleine verschil maakt de winst voor wit mogelijk. 1. Tf1-f7 Th8-g8 2. Tf7-b7+ Kb8-c8 3. Tb7-a7 Kc8-b8 4. c6-c7+. De eerste zet van wit is van groot belang. Wit moet de zwarte toren vasthouden op de laatste rij. Voor de hand ligt ook 1. Tf1-a1 om direct 2. c6-c7+ te dreigen. Fout, zwart kan direct gebruik maken van de vrijheid van de toren. Met 1. ... Th8-h7 2. Ta1-g1 (wat anders?) 2. ... Th7-b7+ (prachtig) 3. Kb6-c5 (3. c6xb7 pat!) 3. ... Tb7-b2 maakt hij remise.

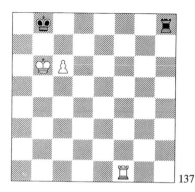

137

Voldoende afstand

Ook stellingen waarin de verdedigende koning is afgesneden zijn niet altijd kansloos. Van doorslaggevend belang is de activiteit van de verdedigende toren. De toren heeft minstens een afstand van drie velden nodig om de vijandelijke koning echt lastig te kunnen vallen met schaakjes. Twee velden afstand is niet voldoende. Vergelijk deze stelling in *diagram 138* en de volgende maar eens met elkaar. Hier is de afstand tot de koning voldoende voor remise. Na 1. ... Ta2-a8+ 2. Ke8-d7 Ta8-a7+ 3. Kd7-d6 Ta7-a6+ 4. Kd6-e5 Ta6-a5+ enz.

138

De korte kant

De d-pion verdeelt het bord denkbeeldig in twee helften: een lange kant en een korte kant. De verdedigende toren aan de lange kant houdt remise zoals we hebben gezien. In *diagram 139* staat de toren aan de korte kant.

Dat is niet voldoende voor een half punt: 1. ... Ta2-a8+ 2. Kd8-c7 Ta8-a7+ 3. Kc7-b8 Ta8-h8 4. Kb7-c7 en wit wint. De winst is zelfs opvallend gemakkelijk te behalen.

Mat

Het is tijd om de tactiek aan bod te laten komen. In toreneindspelen is het van groot belang om veel ruimte te hebben voor de toren. We zagen dat al bij de lange kant. Een veld meer of minder is het verschil tussen remise en verlies. In *diagram 140* heeft wit een pion meer maar pion f5 dreigt verloren te gaan. Omdat de witte koning heel slecht staat kan wit beter in remise berusten. Hij ziet zijn kans echter schoon en zet de toren tijdelijk heel passief neer: 1. Ta7-f7+ Kf6-e5 2. Tf7xg7. De combinatie van de slechte stand van koning en toren blijkt teveel. Na 2. ... Ke5-f4 kan wit het mat niet meer dekken.

Röntgenschaak

Van alle bekende combinaties komt het röntgenschaak het meest voor in toreneindspelen. Logisch want de koning en de toren zullen vaak op dezelfde rij of lijn kunnen worden gedwongen.

In stellingen als in *diagram 141* kan het röntgenschaak als wapen worden gebruikt. De zwarte koning moet op de zevende rij blijven anders bevrijdt de witte toren zich met een schaak. Ook op d7 staat de koning niet helemaal veilig. Met de leuke zet 1. Th8-a8 offert wit zijn pion op. De achterliggende gedachte is dat hij na 1. ... Th1xh7 2. Ta8-a7+ de toren wint. Als zwart niet slaat haalt wit dame.

Les 13: Oefeningen
Oefening 13a: Toreneindspel: röntgenschaak

a

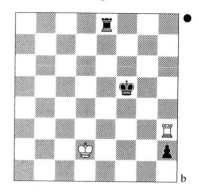

b

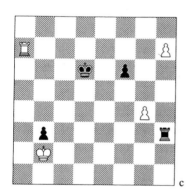

c

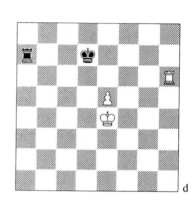

d

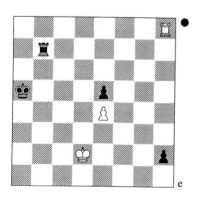

e

f

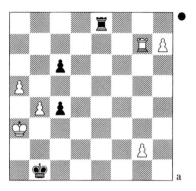

a

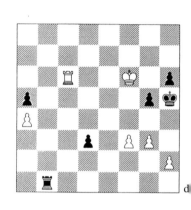

b

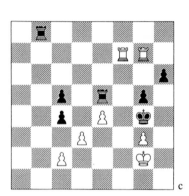

c

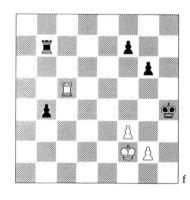

d

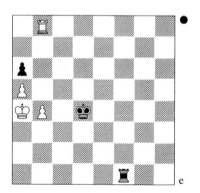

e

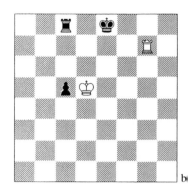

f

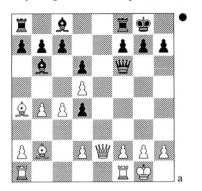

a

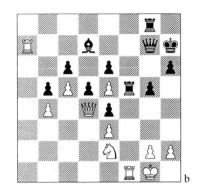

b

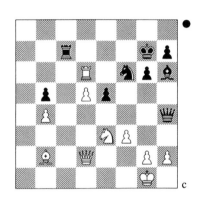

c

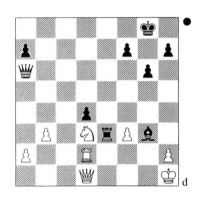

d

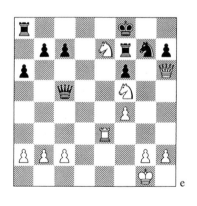

e

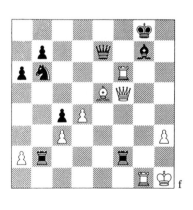

f

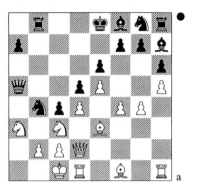

a

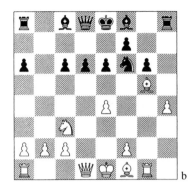

b

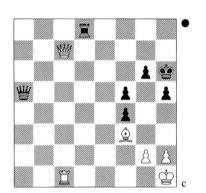

c

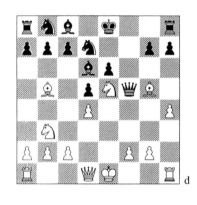

d

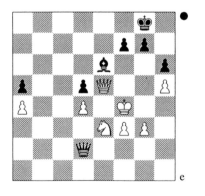

e

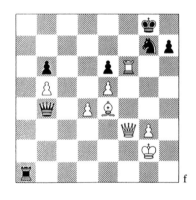

f

Les 14: De verkeerde loper

Remise

Heel soms is schaken een heel oneerlijk spel. Links in *diagram 142a* staat wit twee paarden voor en toch kan hij niet winnen (als zwart met de koning naar c8 gaat!). Liefst zes punten heeft wit meer.

Rechts staat een ander kras voorbeeld met een enorme materiaalvoorsprong dat niet voldoende is voor de winst. Een loper en een randpion winnen onder bepaalde voorwaarden niet. Dat is het onderwerp van de laatste les.

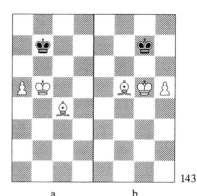

142

a   b

De foute hoek

Een loper en een pion winnen altijd zonder problemen. Ook in het linkerdeel van *diagram 143* kan wit de winst niet ontgaan. Na 1. a5-a6+ Kb7-a7 2. Kb5-a5 Ka7-a8 3. Ka5-b6 Ka8-b8 4. a6-a7+ is de promotie verzekerd.

Rechts ligt alles anders. De loper kan het promotieveld niet bestrijken en daarom kan wit niet winnen.

Na 1. h5-h6+ Kg7-g8 2. Kg5-g6 Kg8-h8 komt wit niet verder. Probeer maar. De zwarte koning blijft altijd tussen g8 en h8 heen en weer spelen. Wit kan zwart alleen pat zetten. We spreken van 'de verkeerde loper'.

143

a   b

De hoek is onbereikbaar

Als de verdedigende koning eenmaal in de (voor hem goede) hoek staat, is er voor de loperpartij geen doorkomen meer aan. Zelfs een vierde stapspeler houdt dan remise tegen de wereldkampioen.

Het probleem schuilt in die gevallen waar de koning nog niet in de juiste hoek staat. In *diagram 144* is geen uitzicht op remise. In beide helften kan de koning de hoek niet meer bereiken. Links verdrijven de koning en de pion de vijandelijke koning. Rechts snijden de koning en de loper de weg af naar de hoek.

144

a   b

Een barrière

In *diagram 145* staat de zwarte koning tweemaal in de reddende hoek maar beide keren steken de loper en de pion daar een stokje voor.

In het linkerdeel is een koningszet of de loperzet naar d8 voldoende om de koning buiten het vierkant van de pion te dwingen. De witte koning is in het geheel niet nodig. Rechts voldoet een tempozet met de loper over de diagonaal naar g8. Ook hier moet de zwarte koning het vierkant van de pion verlaten.

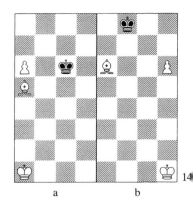

a   b

Hulp van de koning

In *diagram 146* staat de zwarte koning weer op het punt in de hoek een veilig onderkomen te vinden.

Het loperoffer 1. Lc5-d6+ is misschien wel spectaculair maar zwart speelt 1. ... Kc7-b6. Wit is gedwongen tot 1. Lc5-a7. Voor de pion gaan staan is nadelig want de pion staat op een wit veld en hij kan dan niet door de loper worden gedekt en hij kan evenmin worden opgespeeld. Zwart gaat dus op weg met de koning naar b5: 1. ... Kc7-c6 2. Ka3-b4 Kc6-c7 3. Kb4-b5 Kc7-c8 4. Kb5-c6 en de koning wordt verdreven. Zonder hulp van de koning (op de velden a4, b4 of c4) is de stelling remise.

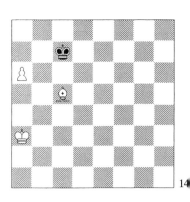

Een smal pad

Wit moet in *diagram 147* heel nauwkeurig spelen om de koning uit de hoek te houden. Fout is de normale zet 1. h5-h6 vanwege 1. ... Ke8-f7 waarna wit niet tegelijk de velden g6 en g8 onder controle kan nemen. Wit begint met 1. Lg4-e6 Ke8-e7 (na 1. ... Ke8-f8 2. h5-h6 kan zwart stoppen) 2. h5-h6 Ke7-f6 3. Le6-f5 Kf6-f7. Alle zetten zijn gedwongen. De rest is hetzelfde als in het vorige diagram: 4. Lf5-h7 Kf7-f6 5. Ke3-f4 Kf6-f7 6. Kf4-f5 en de winst is geen probleem meer.

Een opmerkelijke remisestelling
De zwarte koning dreigt in *diagram 148* de
hoek te bereiken. De zet 1. Lb6-a7 is
daarom de aangewezen zet. Zwart is nu
zijn b-pion liever kwijt dan rijk, hij kan dan
over b7 naar b8. Met de opmerkelijke zet 1.
... b7-b5+ krijgt hij zijn zin. De zet is ver-
rassend omdat wit en passant kan slaan. De
stelling na het slaan staat in het rechterdeel.
Al in 1782 stelde Ponziani vast dat deze
stelling niet te winnen is voor de loperpartij. De loper heeft geen zet. Zwart speelt
steeds Kg7-h8-g7 en wit staat daartegen
machteloos. De witte koning kan niet naar
f6 vanwege pat.

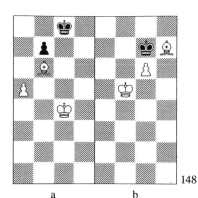

148

a   b

Weg met b-pion
De kennis van de verkeerde loper kan in de
praktische partij goed van pas komen. In
diagram 149 heeft wit zelfs twee pionnen
meer, maar omdat wit de verkeerde loper
heeft is er nog hoop voor zwart.
Zijn koning staat vlak bij de hoek en hij
hoeft alleen maar de zijn paard voor de
b-pion te geven. Door de ongelukkige
stand van de witte stukken lukt dat: 1. ...
Pd7-b8 en nu 2. b4-b5 Pb8-c6+ of 2. La5-
d8 Pb8-c6+ en 3. ... Pc6xb4 of 2. Kd4-c4
Pb8-c6 en wit kan de b-pion niet redden.

149

Nog een b-pion
De stelling in *diagram 150* ziet er weinig
rooskleurig uit voor wit. Zo te zien heeft
zwart net op b4 de pion geslagen. Met torens op het bord en een b-pion kan de winst
op het eerste gezicht geen probleem zijn, al
heeft de loper op c6 niet de kleur van het
hoekveld. Natuurlijk ligt in het laatste de
redding voor wit. Hij ruilt de torens en geeft
de loper voor de zwarte b-pion. Dat gaat
als volgt in zijn werk: 1. Tg1-g4+ Kd4-c5
2. Tg4xb4 Kc5xb4 3. Lf5-d3 en altijd 4.
Ld3xb5. Het resterende eindspel is bekend.

150

Voorbeeldstellingen

Bij de opgaven moet je kijken of de loper-partij de vijandelijke koning uit de hoek kan houden of als de verdedigende partij aan zet is, hoe de koning in de hoek kan komen.

In *diagram 151* dreigt 1. ... Kf8-g8. Na 1. Lf5-h7 Kf8-f7 2. Kc1-d2 Kf7-f6 (dreigt Kf6-g5) 3. Lh7-e4 Kf6-f7 (dreigt Kf7-g8) 4. Le4-h7 Kf7-f6 komt wit niet verder.

Veel handiger is natuurlijk 1. Lf5-e6 waarna zwart de partij direct kan opgeven.

151

Wit heeft de verkeerde loper en de zwarte koning kan de hoek wel bereiken (zie *diagram 152)*. Zwart moet alleen de torens ruilen, alleen niet op g5 omdat in dat geval de h-pion 'promoveert' tot g-pion.

Hij kan ook proberen de h-pion te veroveren omdat het eindspel toren+loper tegen toren bij goed spel remise is.

Zwart bereikt zijn doel als volgt: 1. ... Tg1-g3+ 2. Kf3xf4 (of 2. Kf3-e4 Ke6-f6) 2. ... Tg3-g4+ en de h-pion valt of de torens worden geruild. Wit kan nog 3. Tg5xg4 h5xg4 4. Kf4-g5 proberen maar dat is niets na 4. ... g4-g3 5. Lg6-e4 Ke6-f7.

152

Zwart is aan zet in *diagram 153*. De witte koning staat niet in het vierkant van de a-pion maar omdat Kf6-e7 dreigt is er geen tijd om met de a-pion te lopen. De eerste zet die in aanmerking komt is 1. ... Kc7xd7. Die zet is niet voldoende voor de winst: 2. Kf6-e5 a5-a4 3. Ke5-d4 a4-a3 4. Kd4-c3 Ld3-c4 5. Kc3-c2 Lc4-a2 6. Kc2-c3 met remise. Zwart moet een stelling met een barrière nastreven. Hij moet beginnen met de verrassende zet 1. ... Ld3-b5. Ook nu moet zwart toestaan dat de koning in het vierkant komt, maar na 2. Kf6-e5 a5-a4 3. Ke5-d4 a4-a3 4. Kd4-c3 heeft zwart het ijzersterke 4. ... Lb5-a4 achter de hand.

153

Les 14: Oefeningen *Oefening 14a: De verkeerde loper*

a

b

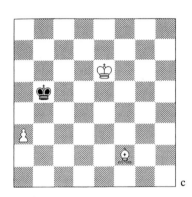

c

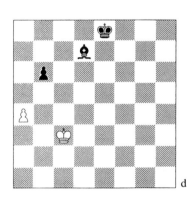

d

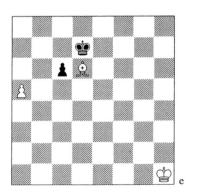

e

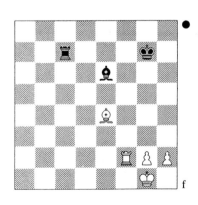

f

Oefening 14b: De verkeerde loper

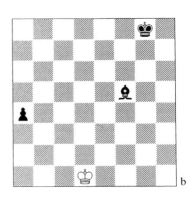

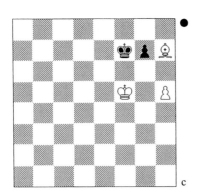

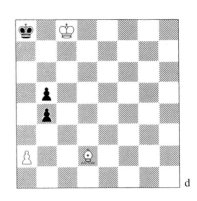

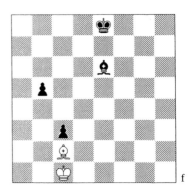

Oefening 14c: Toets stap 2, 3, 4 en 5

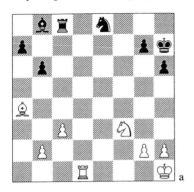
a

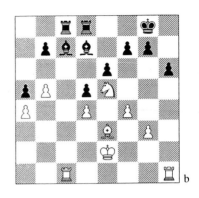
b

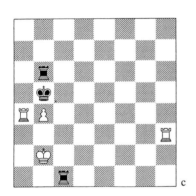
c

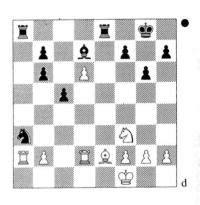
d

e

f

Antwoorden

Les 1

Oefening 1a: Toets vierde stap

a) 1. Dh6xe6+ Ke5xe6 2. g4xf5+
b) 1. ... Dg2-g3+ 2. Df4xg3 Tg5-h5 mat.
c) 1. Pf4-g6+ Kh8-g8 2. Pd5-e7+
d) 1. Te1-e4 Lc4-e6 2. Th3xh6+
e) 1. ... e7-e5 2. Lf4xe5 Dd8-a5+
f) 1. e5-e6+ Lg8xe6 2. Dc2-c7 mat;
   1. ... Kd7xe6 2. Dc2-f5 mat.

Oefening 1b: Toets vierde stap

a) 1. Lf1-b5+ Pc5-d7 2. Lb5xd7+;
   1. ... Lc8-d7 2. Dd5xc5
b) 1. Dd2xd6 Tc6xd6 2. Lc3-b4;
   1. Dd2xh6? Dd6xg3
c) 1. ... Dd3xh7 2. Th1xh7 Pc5-d3+
d) 1. ... Tb8xb2 2. Dd1-d2 Da5xc3
e) 1. ... Pe4-c3; 1. ... Tc8-c3?
   2. Tb3-b1
f) 1. Lg5-h6 Dg6xg4 2. Tf2-f8 mat;
   1. ... Te4-e8 2. h5xg6

Les 2

Oefening 2a: Mat in twee (tempo-dwang)

a) 1. Ke4-f5 g5-g4 2. h3xg4 mat.
b) 1. ... Lc1-e3 2. Pf3-e1 Le3-g5 mat; 2. g3-g4 Le3-f2 mat.
c) 1. Th1-h2 g3xh2 2. g2-g4 mat.
d) 1. Pd2-f1 h3-h2 2. Pf1-g3 mat.
e) 1. Tb1-h1 Dh4xh1 2. f4xg5 mat.
f) 1. Kf2-g2 g5-g4 2. Lf8-e7 mat.

Oefening 2b: Mat in twee ('stil')

a) 1. ... h5-h4 en 2. ... Tf1-h1 mat;
   2. g2-g4 Tf1-f2 mat.
b) 1. ... Lc4-a6 en 2. ... Tb8-c8 mat.
c) 1. ... Db3-a2 en 2. ... Da2-a6 mat.
d) 1. ... b7-b5 en 2. ... Lc8-b7 mat.
e) 1. ... Dg6-c2 en 2. ... Lg5-f4 mat.
f) 1. Tc3-a3 Da7xa6 2. Ta3xa6 mat;
   1. ... Tb8-b7 2. Da6xb7 mat.

Oefening 2c: Mat in twee

a) 1. Te7-h7+ Pg5xh7 2. Pd6-f7 mat.
b) 1. ... Pg4-h2+ 2. Lf4xh2 Dg6-g4 mat.
c) 1. c4-c5+ Kd6-e6 2. Db6-b3 mat.
d) 1. Td1-d8+ Ke8-f7 2. Pf3-g5 mat.
e) 1. Pd5-f6+ g7xf6 2. Lb3xf7 mat.
f) 1. ... De7-h4+ 2. Kg3xh4 Ld4-f2 mat.

Les 3

Oefening 3a: Doorbraak

a) 1. ... h4-h3 2. Ke4-e3 g4-g3
b) 1. f4-f5 g6xf5 2. h4-h5 en de
   nieuwe dame op h8 controleert
   veld a1.
c) 1. a4-a5 b6xa5 2. c4-c5 a5-a4
   3. c5-c6 a4-a3 4. c6-c7 a3-a2 5.
   c7-c8D a2-a1D 6. Dc8-h3 mat.
d) 1. h4-h5 Ka4-b4 2. g4-g5 f6xg5
   3. f4xg5 h6xg5 4. h5-h6
e) 1. Ld1-h5 g6xh5 2. g5-g6; 1. ...
   Le4-d5 2. Lh5xg6
f) 1. ... b5-b4 2. a3xb4 c4-c3
   3. b2xc3 a4-a3

Oefening 3b: Doorbraak

a) 1. c4-c5 b6xc5 2. a4-a5 c5-c4
   3. a5-a6 c4-c3 4. a6-a7 c3-c2 5.
   a7-a8D c2-c1D 6. Da8-h8 mat.
b) 1. g2-g4 a7-a5 2. g4-g5 f6xg5
   3. f5-f6
c) 1. c4-c5 b6xc5 2. a2-a4 Kc6-d6
   3. a4-a5 Kd6xe6 4. a5-a6
d) 1. e4-e5 c5xd4 2. f4-f5
e) 1. a4-a5 Kf4-e4 2. b4-b5 c6xb5
   3. c5-c6
f) 1. c4-c5 b6xc5 2. a4-a5 Ke4-d5
   3. a5-a6 Kd5-d6 4. b5-b6

Oefening 3c: Toets 2, 3 en 4

a) 1. Pg4-f6+ Lg7xf6 2. Dh5xf7+
   Kg8-h8 3. Df7xf6 mat.
b) 1. Dg5-g7+ Lf6xg7 2. Ld4xg7+
   Kh8-g8 3. Lg7-f6 mat.
c) 1. Pe4-g3 Dh5-g6 2. Lg5xe7
d) 1. Dg5-d8+ Ke8xd8 2. Ld2-g5+
   Kd8-e8 3. Td1-d8 mat.
e) 1. ... Pf6-h7 2. Dg5xh5 Pf5-g3
f) 1. Le7-d8 Te8-f8 2. Df3xa8; 1. ...
   Ta8xd8 2. Df3xf7+

Les 4

Oefening 4a: Mix stap 2, 3 en 4

a) 1. ... Lf5-d7 met stukwinst.
b) 1. Df3-e2 Lc2-g6 2. Pc4-d6 mat;
   1. ... e7-e6 2. De2xc2
c) 1. ... c7-c6
d) 1. Dh5xh7+ Kh8xh7 2. Te5-h5
   mat.
e) 1. ... Td8-d1+ 2. Dc1xd1 Lh6xe3
   mat; 2. Pc3xd1 Df6-f1 mat.
f) 1. Pd6xb7 Lc8xb7 2. Pd4xe6+;
   1. ... Dc5-c7 2. Pb7xd8

Oefening 4b: Mix stap 2, 3 en 4

a) 1. De6xc8+ Tc7xc8 2. Pg5-e6+
b) 1. a2-a3 Pb4-a6 2. Dd1-a4+
c) 1. ... Dh6-h1+ 2. Lc6xh1 Th8xh1
   mat.
d) 1. Lf1-b5
e) 1. De6-e8+ Dc7-b8 2. De8xf7
f) 1. Tf4-f5+ Lc8xf5 2. Ph3-f4 mat.

Oefening 4c: Mat in twee

a) 1. ... Tb1xg1+ 2. Kh1xg1 De4-e1
   mat.
b) Pe6-f8+ Kh7-h6 2. Df3-h3
   mat.
c) 1. Dd6-f6+ g7xf6 2. Lc1-h6 mat.
d) 1. ... Tc3-h3+ 2. g2xh3 Lc5-f2
   mat.
e) 1. Pd4-c6+ Ld7xc6 2. Td1-d8
   mat.
f) 1. La6-c8+ Kd7-e8 2. Lc8-e6
   mat.

Les 5

Oefening 5a: Wedren

a) 1. e5-e6 a4-a3 2. e6-e7 a3-a2
   3. e7-e8D a2-a1D 4. De8-h8+
b) 1. ... Kd5-e6 en de b-pion is niet
   tegen te houden.
c) 1. Kf4-e3 Kc4-c3 2. h6-h7 d3-d2
   3. h7-h8D+
d) 1. d6-d7 a3-a2 2. d7-d8D a2-
   a1D 3. Dd8-d2+ Kb2-b1
   4. Kb4-b3
e) 1. ... f4-f3 2. Kc4-d3 b4-b3 3. g5-
   g6 b3-b2 4. Kd3-c2 b2-b1D+
   5. Kc2xb1 f3-f2
f) 1. ... Kb5-b4 2. Kd4-d3 Kb4-b3
   3. Kd3-d2 a4-a3 4. Kd2-c1 a3-a2

Oefening 5b: Wedren

a) 1. h4-h5 b4-b5 2. h5-h6 b4-b3
   3. h6-h7 b3-b2 4. h7-h8D b2-
   b1D 5. Dh8-c8+ en 6. Dc8-b8+
b) 1. Kg5-f6 Kf3xg4 2. Kf6-e5; 1. ...
   b5-b4 2. g4-g5; 1. Kg5-h5 is ook
   goed.
c) 1. Kf7-f6 h5-h4 2. e4-e5 met
   remise; 1. ... Kf4xe4 2. Kf6-g5
d) 1. Ke7-e6 b5-b4 2. h4-h5 met
   remise.
e) 1. c5-c6 d7xc6 2. a5-a6 met mat
   op a8.
f) 1. ... Kh1-g2 2. e4-e5 h4-h3
   3. e5-e6 h3-h2 4. e6-e7 h2-h1D
   5. e7-e8D Dh1-e1+

Oefening 5c: Wedren

a) 1. Ke6-d5 Ke2-d3 2. h4-h5 b5-b4
   3. h5-h6 b4-b3 4. h6-h7 b3-b2 5.
   h7-h8D b2-b1D 6. Dh8-h7+
b) 1. Kf5-g6 om de pion te helpen
   en uit het schaak van de toekom-
   stige dame op a1 te blijven.
c) 1. g5-g6 Kd5-e6 2. Kf4-g5 a5-a4
   3. Kg5-h6 a4-a3 4.g6-g7

d) 1. g5-g6 h7xg6 2. e5-e6 b4-b3
   3. e6-e7 b3-b2 4. e7-e8D b2-b1D
   5. De8xg6+
e) 1. g5-g6 a4-a3 2. g6-g7 a3-a2
   3. g7-g8D a2-a1D 4. Dg8-g1D+
f) 1. Kb6-c6 f5-f4 2. b5-b6 f4-f3
   3. b6-b7 f3-f2 4. b7-b8D f2-f1D
   5. Db8-e8+ en 6. De8-f8+ of
   1. ... a5-a4 2. b5-b6 a4-a3 3. b6-
   b7 a3-a2 4. b7-b8D a2-a1D 5.
   Db8-e8+ en 6. De8-h8+

Les 6

Oefening 6a: Aftrekaanval (voorbereidende zet)

a) 1. ... Df5-c5+ 2. Kg1-g2 Td6-d2+
b) 1. Pf3xe5 d6xe5 2. De2-g4 met damewinst.
c) 1. ... Pb6-c4 2. Dd2-h2 Pf4-d3 mat.
d) 1. ... Tc1-e1+ 2. Ke5-d4 c6-c5+
e) 1. Dd2-f2+ Kf6-g7 2. Pd4xe6+
f) 1. ... Td8xd3 2. Pf2xd3 Pe5xf3+

Oefening 6b: Aftrekaanval (voorbereidende zet)

a) 1. ... Te3-e2+ 2. Lf3xe2 f4-f3+
b) 1. ... Tc8-c3 2. Da3-a1 Tc3xg3+
c) 1. ... e5-e4 2. Pf3-d2 Lc7-h2+
d) 1. ... Pe4-d2 2. Tf1-f2 Pd2-f3+;
   2. Tf1-e1 Pd2-f3+;
e) 1. ... Lc6xf3 2. g2xf3 Ld6xh2+
f) 1. ... Ph5xg3+ 2. f2xg3 Lc5-g1

Oefening 6c: Aftrekaanval (voorbereidende zet)

a) 1. ... f5-f4 2. Lg3xf4 Pg6xe5+
b) 1. ... g7-g5+ 2. Kf4-g3 Pd6-e4+
c) 1. Td1-d5 Le5-f6 2. Lc5-f8+
d) 1. ... d4-d3 2. Dc2xd3 Dg4xf5
e) 1. ... Lg6-d3 2. Lc4xd3 Ld6xh2+
f) 1. De2-c2 Kg8-f8 2. b5xa6

Oefening: 6d: Aftrekaanval

a) 1. ... Pe5-f3 2. Dg3xc7 Pg4-f2 mat; 2. Pd4xf3 Dc7xg3
b) 1. ... Le7-d6 2. De4xc6 Te8xe1 mat.
c) 1. e4-e5 Dd6-d5 2. Lb1xg6
d) 1. Pf3xe5 Pc6xe5 2. Dd1xg4;
   1. ... Lg4xd1 2. Pe5xc6+
e) 1. Pf3xe5 Dh3xe3 2. Tf2-f7+ Kg7-h8 3. Pe5xg6 mat.

f) 1. Pe5xc6 b7xc6 2. De2xe6+ f7xe6 3. Ld3-g6 mat.

Les 7

Oefening 7a: Zevende rij

a) 1. ... Td8-d1+ 2. Kf1-g2 Td1-d2
b) 1. ... Ta7-a2+ 2. Kg2-g1 Ph2-f3+
   3. Kg1-f1 Ta2-d2 en eeuwig
   schaak op h2 en f3
c) 1. Pe6xf8 Kg8xf8 2. Pg4-h6 met
   stukwinst.
d) 1. ... Ke6-f7 met de dreiging 2. ...
   Kf7-e8 de toren te vangen. De
   witte toren moet terug.
e) 1. ... Tf2-h2 2. b6-b7 Te2-g2 met
   ondekbaar mat.
f) 1. h5-h6 Kh7xh6 2. b6-b7 Te8-
   e2+ 3. Kg2-f3 Te2-b2 Tc7-c8;
   1. ... a5-a4 2. b6-b7 Te8-e2+
   3. Kg2-f3 Te2-b2 4. h6xg7 a4-a3
   5. Tc7-c8

e) 1. ... Dd8-d3+ 2. Ke2xd3 Pe4-g3
   mat.
f) 1. ... Td5-d6 2. Pc4xd6 Db3-b6
   mat; 2. Ld3-f1 Td6-a6 mat.

Oefening 7b

a) 1. Pc3-a4 Ta8-c8 2. Pa4-b6 met
   verovering van de c-lijn.
b) 1. ... Tc7-c4 2. Tf1-d1 Tc4-c2; op
   1. ... Tc7-c2 verdedigt 2. Tf1-f2
   afdoende.
c) 1. Tb1-b3 gevolgd door 2. Th1-
   b1 met verovering van de b-lijn.
d) 1. ... Tc8-c4
e) 1. Lc5-d6 Lg5-f6 2. Ld6-c7 of
   1. ... f7-f6 2. Ld6-e7 met in beide
   gevallen verovering van de d-lijn.
f) 1. ... Lf5-e6 2. a2-a4 Le6-a2 met
   verovering van de b-lijn; pion a4
   blijft heel zwak.

Oefening 7c: Mat in twee

a) 1. ... Df6-f3 en 2. ... Pg6-f4 mat.
b) 1. Td4xd5+ e6xd5 2. De3-e7
   mat; 1. ... Kd6xd5 2. De3-d4
   mat.
c) 1. ... Pb5-a3+ 2. b2xa3 Tf3-c3
   mat.
d) 1. ... Dg3-h2+ 2. Kg1xh2 g2-g1D
   mat.

Les 8

Oefening 8a: Penning (voorbereidende zet)

a) 1. Pf4xe6+ f7xe6 2. Ta4-a7
b) 1. ... Tf8xf3 2. Tf1xf3 Dd6xe5
c) 1. ... h5-h4 2. Pg3-e2 h4-h3
d) 1. ... Dd8-a5 2. Pa3-b5 Da5-d2
e) 1. d4-d5 e6xd5 2. Tc2-g2; 1. ... Lc6xd5 2. Pc3xd5
f) 1. De2-c4 Lc5-d6 2. e3-e4

Oefening 8b: Penning (voorbereidende zet)

a) 1. ... d6-d5 2. Lc4-b3 Le7-c5; 2. Kg1-h1 d5xc4
b) 1. Pe3-d5+ e6xd5 2. Tf1-e1; 1. ... Ke7-f8 2. Pd5xc7
c) 1. d4-d5 Pc6-b8 Pg5-e6; 1. ... d7-d6 2. d5xc6
d) 1. Pc4-b6 a7xb6 2. Lf1-c4; 1. ... Kg8-h8 2. Pb6xa8
e) 1. ... Pd5-c3+ 2. b2xc3 Td8-b8; 2. Kb1-a1 Pc3xd1
f) 1. Tf2-f4 Pa4-c5 2. Tf4-b4

Oefening 8c: Penning (voorbereidende zet)

a) 1. ... b7-b5 2. Lc4-a2 De7xc5
b) 1. Lg5-e3 Tb6-c6 2. Le3-c5
c) 1. Ta1xa4 Lb5xa4 2. Lf1-c4
d) 1. Pd5-b6+ c7xb6 2. Lb3-e6
e) 1. Ld4xf6 Le7xf6 2. 0-0-0
f) 1. ... Lf6-d4 2. De3-f3 a5-a4

Les 9

Oefening 9a: Toren tegen pion

a) 1. ... e2-e1P+ met remise.
b) 1. Ta1-e1+ Ke3-f2 2. Kc3-d2 en wint.
c) 1. ... Kb2-c2 2. Th8-c8+ Kc2-d1; andere koningszetten op de eerste zet verliezen.
d) 1. ... Ke4-d4 2. Kb7-c6 e5-e4 3. Te8-d8+ Kd4-c3 4. Kc6-d5 e4-e3 met remise.
e) 1. ... Ke2-e3 met remise.
f) 1. ... Te6-e8 2. Ke4-d5 Ke2-f3 met winst.

Oefening 9b: Toren tegen pion

a) 1. Td8-d5 b4-b3 2. Td5-d3 met pionwinst; 1. ... Kb6-c6 2. Td5-e5 Kc6-b6 3. Kh8-g7
b) 1. Th8-c8+ Kc3-b2 2. Tc8-d8 Kb2-c3 3. Ke6-e5
c) 1. ... Kd5-e4 2. Tb8-c8 Ke4-d3 met remise; 1. ... c4-c3 2. Kg5-f4 Kd4-d4 3. Tb8-d8+ verliest.
d) 1. Th1-h2+ Kd2-d3 2. Th2-h8 e4-e3 3. Th8-d8
e) 1. Th7-b7 b5-b4 2. Kd8-c7 Kc5-c4 3. Kc7-b6 b4-b3 4. Kb6-a5 en wint.
f) 1. ... Kg6-f5 (1. ... g5-g4 2. Tc8-c5) 2. Ka8-b7 g5-g4 3. Kb7-c6 g4-g3 met remise.

Oefening 9c: Toets 2, 3 en 4

a) 1. ... Dg3-h2+ 2. Kg1xh2 Lh4-f2 mat.
b) 1. Dc6-a8 Td8xa8 2. f6xe7 Ta8-e8 2. Td1-d8
c) 1. Dg4-g8+ Kh7xg8 pat.
d) 1. ... Pe3-g4 2. f3xg4 De5-e4+
e) 1. Pe5xd7 Dd8xd7 2. d4-d5
f) 1. ... Dh4xe4 2. Lc2xe4 Pd4-e2+ met kwaliteitswinst.

Les 10

Oefening 10a: Toets stap 2, 3 en 4

a) 1. ... Dd7xg4 2. f3xg4 Te2xg2+
   3. Kg1-h1 Tg2-h2+ en mat.
b) 1. ... Td8xd5 2. Dd1xd5 Pc6-b4+
c) 1. Dd3-g6 f7xg6 2. f6-f7 mat;
   1. ... Kg8-h8 2. Dg6xf7
d) 1. ... Da6-f1+ 2. Tf2xf1 Tf8xf1
   mat.
e) 1. ... Lc8-g4 2. h3xg4 Df2-h4
   mat; 2. Dd1xg4 Df2-e1+ 3. Kh1-
   h2 Lb6-g1+
f) 1. Ld3-b5 met stukwinst.

Oefening 10b: Toets stap 2, 3 en 4

a) 1. Tc7-b7+ Kb8-a8 (c8) 2. Tb7-
   b8 mat.
b) 1. ... b6-b5 2. Kh1-g1 Lc6xg2
c) 1. Pf4-h5+ Kg7-h7 2. Ph5-f6+
d) 1. Pe4-f6+ met damewinst of
   mat.
e) 1. Lh3-g4 Lh5-g6 2. Lg4-f5+
f) 1. d4-d5 Le6xd5 2. Pg3xf5

Oefening 10c: Toets stap 2, 3 en 4

a) 1. ... De1xf1+ 2. Kg1xf1 Le6-
   h3+ 3. Kf1-g1 Te8-e1 mat.
b) 1. ... Td8xd1 2. Pe3xd1 Te8xe1
c) 1. ... Pf6-g4 2. Dg6xd6 Tf8-f1
   mat; 2. h3xg4 Dd6xg6
d) 1. ... Th3-h6+ 2. Ka6-a5 Tb2-
   a2+ 3. Ta1xa2 e2-e1D met
   schaak!
e) 1. Pd4-c6 Td8-e8 2. Pc6-e7+
f) 1. ... Td8xd3 2. Td1xd3 Pc6-b4

Oefening 10d: Toets stap 2, 3 en 4

a) 1. ... Pd6-c4 2. Ld3xc4 b7-b6
b) 1. Dh6-g7+ Tg8xg7 2. f6xg7 mat.
c) 1. Kf1-f2 Kf4xg4 2. Kf2-e3; 1. ...
   Kf4xe4 2. Kf2-g3
d) 1. Pa3-b5 Dd6xe6 2. Pb5-c7+

e) 1. ... Td2-e2 2. Lf3xe2 Da5-e1+
f) 1. ... f7-f5+ 2. Kg4xf5 Dh6-g6
   mat.

Les 11

Oefening 11a: Sterke velden

a) 1. Pd2-f1 en 2. Pf1-e3 op weg
   naar veld d5.
b) 1. ... Le6xf5 2. e4xf5 met een
   sterk veld op d5.
c) 1. Pc3-d5 Lf7xd5 2. c4xd5 met
   een sterk veld op e6.
d) 1. ... Ta8-c8 2. Dc2xc6 b7xc6 en
   veld d5 is niet langer een sterk
   veld voor wit.
e) 1. Ld2-b4 afruil van de verdediger van veld e5.
f) 1. g2-g4 handhaven van het
   paard op e4.

Oefening 11b: Toets stap 2, 3 en 4

a) 1. Df3-h5 De8xh5 2. Td1-d8+ en
   mat; 1. ... g7-g6 2. Dh5xe5
b) 1. Dh7-g8+ Kf8xg8 2. Pe4xf6+
c) 1. Ke1-f2 met stukwinst.
d) 1. ... Pd4xe2 2. Tb1xb4 Lg7xc3
e) 1. Ld3-b5+ Lc8-d7 2. Dd1xg4
f) 1. ... Db6-c7(c6) met aanval op
   veld c3 en loper c2.

Oefening 11c: Toets stap 2, 3 en 4

a) 1. Dd7xe6+ Ke5-f4 2. Pg5-h3
   mat; de enige manier om mat in
   twee te geven.
b) 1. Lc4xf7+ Kg8xf7 2. Df3-b3
   mat; 1. ... Kg8-h8 2. Lf7xe8
c) 1. e4-e5 met stukwinst.
d) 1. Ke1-d1 met de dreigingen
   2. Dg7xh8+ en 2. Pc3xe4
e) 1. ... Dc6-c3 met torenwinst of
   mat.
f) 1. Pc6-e7 met kwaliteitswinst.

Les 12

Oefening 12a: Aanval op de rokadestelling

a) 1. Lb5-c4 en als de dame wijkt
   2. Dh3xh6+ en 3. Td3-h3 mat.
b) 1. Th4-h8+ Lg7xh8 2. Th1xh8+
   Kg8xh8 3. De3-h6+ Kh8-g8
   4. Pe4-f6 mat.
c) 1. ... Dd8-h4 2. g3xh4 Th6-g6+
   3. Kg1-h1 Pe4xf2 mat.
d) 1. ... Tf8xf3 2. g2xf3 Dd8-g5+
   3. Kg1-h1 Dg5-g4
e) 1. Dh5xh7+ Kh8xh7 2. Tf5-h5+
   Dd2-h6 3. Tg1-g7+
f) 1. Tg1xg7+ Tg8xg7 2. Ph5-f6+
   Kh7-h8 3. Dd2xh6+

Oefening 12b: Aanval op de rokadestelling

a) 1. Dg3xg6 h7xg6 2. Tg1-g3 met
   ondekbaar mat.
b) 1. ... Pb4-d3 2. Dd1xd3 g4-g3;
   ook 1. ... Dh5-h4 wint.
c) 1. Dd2-h6 Tc3xg3 2. Lh5-g6 met
   dubbele matdreiging.
d) 1. Th6-h8+ Pg6xh8 2. Dh5-h7+
   Kg8xh7 3. Tf5-h5+ Kh7-g8
   4. Lc2-h7 mat.
e) 1. Lh6-g7+ Kh8xg7 2. Dh5-h6+
   Kg7xh6 3. Pg3-f5 mat.
f) 1. Tf5-g5+ h6xg5 2. Df3-f6+
   Kg7-g8 3. Df6xg5+ Kg8-h8
   4. Dg5-h6+

Oefening 12c: Aanval op de rokadestelling

a) 1. ... Te8-e1 2. Dd1xe1
   Dh3xf3+; 2. Pc2xe1 Tg6xg1+
   3. Kh1xg1 Dh3-f1 mat.
b) 1. Lh6-g7 Da5xd2 2. Lg7xf6
c) 1. Th1-h7+ Kg7xh7 2. De2-h2+
   Kh7-g7 3. Dh2-h6+ Kg7-g8
   4. Td1-h1

d) 1. ... Dg7-g6 2. f5xg6 h7xg6+
e) 1. Df5-c8 Tb8xc8 2. Tf8xc8
f) 1. Te1-e7 Pc6xe7 2. Pd5xf6+

Les 13

Oefening 13a: Toreneindspel (röntgenschaak)

a) 1. Tf3-f1 Tg2xg7 2. Tf1-h1+
   Kh4-g5 3. Th1-g1+; 1. ... Kh4-
   h5 2. Tf1-h1+
b) 1. ... Te8-a8 2. Kd2-e2 Ta8-a1
   3. Th3xh2 Ta1-a2+
c) 1. Ta7-a6+ Kd6-e7 2. Ta6-a8;
   1. ... Kd6-e5 2. Ta6-a5+ en
   3. Ta5-h5
d) 1. e5-e6+ Kd7-d6 2. e6-e7+
   Kd6-d7 3. e7-e8D+ Kd7xe8
   4. Th6-h8+ Ke8-d7 5. Th8-h7+
e) 1. ... Tb7-b8 2. Th8-h7 Tb8-b1;
   1. ... Tb7- b1? 2. Th8-a8+ en wit
   wint!
f) 1. Tg6-g8 Th4-a4 2. a6-a7; 1. a6-
   a7? Th4-h8

Oefening 13b: Toreneindspel (mat)

a) 1. ... Te8-e2 2. b4-b5 c6-c5 en
   3. ... Te2-a2 mat.
b) 1. Tg7-h7 c5-c4 2. Kd5-d6 Tc8-
   d8+ 3. Kd6-e6
c) 1. Tf7-f4+ Kg4-h5 2. Tf4-h4+
   g5xh4 3. g3-g4 mat.
d) 1. Kf6-f5 d3-d2 2. g3-g4+ Kh5-
   h4 3. Tc6xh6 mat.
e) 1. ... Kd4-c3 2. Tb8-c8+ Kc3-b2
   3. b4-b5 Tf1-f4+
f) 1. g2-g3+ Kh4-h3 2. Tc5-c4 g6-
   g5 3. Tc5-c8 en 4. Tc8-h8+

Oefening 13c: Toets stap 2, 3, 4
en 5

a) 1. ... d4-d3 2. De2xd3 Df6xb2;
   2. Lb2xf6 d3xe2 met stukwinst.
b) 1. Tf1xf5 e6xf5 2. e5-e6
c) 1. ... Tc7-c2 2. Pe3xc2 Lh6xd2;
   2. Dd2xc2 Dh4-e1+ 3. Pe3-f1
   Lh6-e3+

d) 1. ... Te3-e1+ 2. Pd3xe1 Da6-f1
   mat.
e) 1. Pe7-g6+ Kf8-g8 2. Dh6xg7+
   Tf7xg7 3. Pf5-h6 mat; 1. ...
   h7xg6 2. Dh6-h8 mat.
f) 1. Tg1xg7+ De7xg7 2. Tf6-f8+
   Dg7xf8 3. Df5-g6+ en mat.

Oefening 13d: Toets stap 2, 3, 4
en 5

a) 1. ... Da5xa3 2. b2xa3 Pb4-a2+
   en 3. ... Lf8xa3 mat.
b) 1. e4-e5 d6xe5 2. Dd1xd8+
   Ke8xd8 3. Lg5xf6+
c) 1. ... Td8-d1+ 2. Tc1xd1
   Da5xc7; 2. Lf3xd1 Da5-e1 mat.
d) 1. Lb5-d3 Df5-f8 2. Dd1-h5+
   g7-g6 3. Ld3xg6+
e) 1. ... Kg8-h7 en wit moet de
   dame geven.
f) 1. Tf6-f8+ Db4xf8 2. Ld3xh7+

Les 14

Oefening 14a: De verkeerde loper

a) 1. Kf3-e4 en de zwarte koning komt niet in de hoek.
b) 1. Lc5-a7 Kc7-c6 2. Ka3-b4 Kc6-c7 3. Kb4-c5 Kc7-c8 4. Kc5-c6
c) 1. Ke6-d7 Kb5-a4 2. Lf2-c5 Ka4-b5 3. Kd7-d6 Kb5-a6 4. Kd6-c6
d) 1. a4-a5 b6-b5 2. a5-a6 Ke8-d8 3. a6-a7 Ld7-c6 4. Kc3-b4 Kd8-c7 5. a7-a8D
e) 1. a5-a6 Kd7-c8 2. Kh1-g2 c6-c5 3. Kg2-f3
f) 1. ... Tc7-c1+ 2. Tf2-f1 Tc1xf1+ 3. Kg1xf1 Le6-h3

d) 1. ... Pa3-b1 2. Ta2xa8 Pb1xd2+
e) 1. g3-g4 f5xg4 2. f4-f5 g4-g3 3. Kd3-e2 g6xf5 4. h4-h5
f) 1. Kd7-e7 Ke5-d4 2. Ke7-f6 of 1. ... Ke5-f4 2. Ke7-d6; 1. Kd7-c6 Ke5-d4 wint niet voor wit.

Oefening 14b: De verkeerde loper

a) 1. ... Ke3-e4 en zwart bereikt de hoek; niet 1. ... Ke3-f4 2. Kc3-d4
b) 1. Kd1-d2; niet 1. Kd1-c1 a4-a3
c) 1. ... g7-g6+ 2. h5xg6+ Kf7-g7 met remise; 2. Lh7xg6+ Kf7-g7 met remise.
d) 1. Ld2-e3 b4-b3 2. a2xb3 en wint omdat wit geen randpion meer heeft.
e) 1. Ke8-e7 Kg5-g6 2. Ke7-f8 Kg6-h6 3. Kf8-f7 alleen op deze manier kan de koning uit de hoek worden gehouden.
f) 1. Lc2-a4 b5xa4 2. Kc1-c2 a4-a3 3. Kc2xc3 Ke8-d7 4. Kc3-c2 Le6-a2 5. Kc2-c3 met remise.

Oefening 14c: Toets stap 2, 3, 4 en 5

a) 1. La4-d7 Tc8-d8 2. Ld7-f5+; 1. ... Tc8-c5 2. Ld7xe8
b) 1. Pe5xd7 Td8xd7 2. b5-b6
c) 1. Ta4-a5+ Kb5xb4 2. Th3-a3 met de dreigingen 3. Ta3-a4 mat en 3. Kb2xc1; 1. ... Kb5-c6 2. Kb2xc1

Hans Böhm

SCHAKEN

van huisschaker tot
clubschaker

Dit boek van Hans Böhm beoogt iets extra's toe te voegen aan de
basiskennis van de gemiddelde huisschaker met het doel hem op een
hoger niveau te brengen.
Het boek bevat 12 hoofdstukken met o.m.: de loop der stukken en
elementaire kennis; de 6 verschillende schaakstukken die vanuit
theorie en praktijk worden belicht door middel van 300 studies;
inventarisatie van alle openingsgevallen en het volledig repertoire
openingen; de schaakcomputer, geschiedenis en toekomstbeeld;
varia, met o.a. organisatie en vaste evenementen.
'Schaken' is een bijzondere uitgave, mede door het feit dat de auteur
is afgeweken van geijkte paden en erin is geslaagd een interessante en
eigentijdse leermethodiek te ontwikkelen die als vernieuwend in de
schaakeducatie zal worden ervaren.

Verkrijgbaar in de boekhandel

Dr. Max Euwe
PRAKTISCHE SCHAAKLESSEN

In zes delen

'Leve schaakwereldkampioen Euwe!' Met deze woorden droeg op 25 december 1935 aan het slot van hun 30ste matchpartij de Rus Alexander Aljechin de hoogste schaakeer over aan de Nederlandse wiskundeleraar en latere hoogleraar in de informatica prof. dr. Max Euwe. Uit deze serie PRAKTISCHE SCHAAKLESSEN blijkt dat grootmeester Euwe, die van 1921 tot 1958 vrijwel onafgebroken nationaal schaakkampioen was en op wiens erelijst vele toernooioverwinningen prijken, behalve een uitzonderlijk sterk schaker ook een eminent schaakleraar was. Zijn boeken zijn in vele talen uitgegeven en hebben de weg geplaveid voor menig sterk schaker in binnen- en buitenland.

Deel 1 - Van huisschaker tot clubschaker
Regels en beginselen van het spel, toegelicht met veel voorkomende wendingen uit de praktijk en 236 opgaven om het eigen inzicht te toetsen.

Deel 2 - Algemene wenken voor opening, middenspel en eindspel
Een overzicht van de spelkenmerken die de basis vormen voor het beoordelen van zetten en stellingen.

Deel 3 - Openingsrepertoire
De openingsfase bezien van de kant van wit en zwart. Alle gangbare openingen worden behandeld, aangevuld met adviezen voor de juiste partijopzet

Deel 4 - Theoretische en praktische eindspelen
Matvoeringen, theoretische en praktische eindspelen bij veel voorkomende materiaalverhoudingen.

Deel 5 - Oordeel en plan: de strategie van het schaakspel
Stellingstypen en de conclusies die daaraan moeten worden verbonden. Niet de goede of slechte inval, maar nuchtere beoordeling en strategie bepalen de gang van zaken op het schaakbord.

Deel 6 - Hogeschool van het eindspel
Aan de hand van ruim 250 diagrammen uit de meester- en grootmeesterpraktijk wordt in dit deel een inzicht gegeven in vrijwel alle zich voordoende ontwikkelingen en mogelijkheden van het eindspel.

Verkrijgbaar in de boekhandel

Alb. Loon / dr. M. Euwe

OOM JAN
LEERT ZIJN NEEFJE
SCHAKEN

Voor degene die de eerste beginselen van het schaakspel onder de
knie willen krijgen, zijn er gelukkig vele goede boeken die hem of
haar de weg kunnen wijzen.
Weinige daarvan kunnen echter bogen op zo'n langdurig en
veelvuldig succes als 'Oom Jan', die sinds zijn verschijning door
zijn verhalende schaaklessen een onafzienbare schare schakers
aan zich heeft verplicht.

'Oom Jan' is in de eerste plaats bestemd voor jongeren en liefst voor
hen, die nog nooit een schaakstuk hebben aangeraakt en daardoor
niets hebben 'af te leren' maar slechts 'aan te leren'. Door de
verhaaltrant te gebruiken is het o.a. mogelijk het betrekkelijk
willekeurige van de spelregels voor de jeugd aannemelijk te maken.
In negentien hoofdstukken leren Max Euwe en Alb. Loon de
aspirant-schaker spelenderwijs de geheimen van het schaakspel.

Verkrijgbaar in de boekhandel

Dr. Max Euwe

VOLLEDIGE HANDLEIDING VOOR HET SCHAAKSPEL

In het nagelaten werk van schaakpedagoog Max Euwe heeft
'Handleiding voor het schaakspel' altijd een bijzondere plaats
ingenomen. Het manuscript ontstond vlak na zijn
wereldkampioenschap in 1935. Het werd door kenners al direct
erkend als een basis opleidingsboek van uitzonderlijke allure.
Euwe schreef in zijn inleiding: 'In dit boek heb ik als leuze
gekozen: maak het de lezer niet te moeilijk. Het is volgens mijn
ervaringen zeer belangrijk, dat een leerboek voor beginners
niets bevat wat niet gemakkelijk te begrijpen valt. Schaken
is een tijdspassering en het mag dan ook van de beginnende
beoefenaren niet te veel eisen.'
Deze herziene uitgave van 'Handleiding voor het schaakspel' is nog
volledig actueel en voldoet nog immer aan de eisen die aan de
basisinstructie voor het schaken mogen worden gesteld.

Verkrijgbaar in de boekhandel

Aantekeningen

Aantekeningen

Aantekeningen

Aantekeningen